上海市"十三五"重点出版物出版规划项目
世界经济危机研究译丛

1929年大迷思
——应该吸取的教训

小哈罗德·比尔曼 著
(Harold Bierman, Jr.)
沈国华 译

上海财经大学出版社

图书在版编目(CIP)数据

1929年大迷思：应该吸取的教训/(美)小哈罗德·比尔曼(Harold Bierman, Jr.)著，沈国华译.—上海：上海财经大学出版社，2017.10
（世界经济危机研究译丛）
书名原文：The Great Myths of 1929 and the Lessons to be Learned
ISBN 978-7-5642-2636-7/F.2636

Ⅰ.①1… Ⅱ.①小…②沈… Ⅲ.①金融危机-研究-美国-1929 Ⅳ.①F837.125.9

中国版本图书馆CIP数据核字(2017)第212751号

□ 责任编辑　李成军
□ 封面设计　张克瑶

1929 NIAN DA MI SI
1929年大迷思
——应该吸取的教训

小哈罗德·比尔曼　著
（Harold Bierman, Jr.）
沈国华　译

上海财经大学出版社出版发行
（上海市中山北一路369号　邮编200083）
网　　址：http://www.sufep.com
电子邮箱：webmaster@sufep.com
全国新华书店经销
上海景条印刷有限公司印刷装订
2017年10月第1版　2017年10月第1次印刷

890mm×1240mm　1/32　6.875印张（插页：1）　146千字
印数：0 001—3 000　　定价：45.00元

图字：09-2017-669 号

The Great Myths of 1929 and the Lessons to be Learned

Harold Bierman, Jr.

Translated from the English Language edition of The Great Myths of 1929 and the Lessons to be Learned, by Harold Bierman, Jr., originally published by Praeger, an imprint of ABC-CLIO, LLC, Santa Barbara, CA, USA. Copyright © 1991 by Harold Bierman, Jr.. Translated into and published in the Simplified Chinese language by arrangement with ABC-CLIO, LLC. All rights reserved.

No part of this book may be reproduced or transmitted in any form or by any means electronic or mechanical including photocopying, reprinting, or on any information storage or retrieval system, without permission in writing from ABC-CLIO, LLC.

2017年中文版专有出版权属上海财经大学出版社

版权所有　翻版必究

我还是认为应该永远把有益的事业铭记心中,哪怕是就这样记住其中的少数部分。

——约翰·肯尼斯·加尔布雷思(John Kenneth Galbraith),《大崩盘》(The Great Crash, *The Journal of Portfolio Management*, Fall, 1979, p.62)

致　谢
EXPRESS

许多人为本项目的完成做出过贡献，其中提供特别帮助的有康奈尔大学约翰逊(Johnson)管理学院图书管理员贝特西·安·奥利佛(Betsy Ann Olive)、唐·谢德克尔(Don Schedeker)和林恩·布恩(Lynn Broen)，纽约联邦储备银行档案部的罗丝玛丽·A.拉森比(Rosemary A. Lazenby)，康奈尔大学的同事塞缪尔·施密特(Seymour Smidt)、杰洛米·哈斯(Jerome Hass)和莫林·欧哈拉(Maureen O'Hara)，与笔者共同完成本书第一章的卡尔顿学院(Carleton College)经济学教授、犬子H.斯科特·比尔曼(H. Scott Bierman)，以及负责本书文稿打字和校样修改的巴伯·吉尔(Barb Guile)。迪克·康韦(Dick Conway)曾提醒笔者关注那篇激励我完成本研究的文章。弗洛伦斯·凯尔索(Florence Kelso)为本书做了索引。笔者在这里一并向所有为本书能与读者见面做出过任何贡献的人士表示感谢！

目录
CONTENTS

致谢 / 001

1 引言 / 001

2 1929年大迷思 / 005
1929年以前 / 008
股票投机 / 011
迷思与寓言故事 / 014
两个遗漏的主题 / 016

3 背景描述 / 020

4

如何破解迷思 / 030

经济基本面 / 033

1920～1929 年的产值和生产率 / 034

股票自身的高价值 / 036

市场价位的数据证明 / 045

股票价格与价值分析 / 048

施金的研究 / 054

生产与就业 / 055

附录 1 / 057

附录 2 / 061

附录 3 / 063

5

美国无线电公司 / 067

1929 年 3 月的媒体 / 071

6

纽约联邦储备银行与联邦储备委员会之间的争执 / 075

附录 1 / 104

附录 2 / 106

7　1929 年股票市场的跌宕起伏　/ 114

投资信托　/ 124

当能知道未来时　/ 126

《斯姆特—霍利关税法案》　/ 128

1929~1932 年的股市崩盘　/ 129

8　1931 年的听证会　/ 132

9　破解迷思的真相披露　/ 141

10　保证金交易、集合基金、卖空交易与 1929 年崩盘　/ 157

保证金交易　/ 157

集合基金　/ 161

卖空交易　/ 168

威廉·克拉波·杜兰特　/ 170

1929 年股市崩盘　/ 172

市场价位与信贷　/ 174

11

1987 年的股市崩盘 / 178

相关指标计算 / 183

投资组合保险与程式交易 / 184

与 1929 年的比较 / 185

12

应该吸取的教训 / 187

1929 年的大迷思 / 194

佩德森的论文 / 196

我们应该吸取的教训 / 198

参考文献 / 205

1
引 言

参议员格拉斯(Glass)："惠特尼(Whitney)先生,我是否可以就这一点向您请教一个问题:有多少在证券交易所做股票投机的普通股民知道他们在做的股票的实际内在价值?"

——美国参议院银行与货币委员会
举行的证券交易所行为听证会

"说股票投机就像投掷硬币,当然可笑。我知道,股票投机需要更多的技能。不过,我一直无法确定股票投机需要多少技能。"

——小弗雷德·施韦德(Fred Schwed, Jr.),《客户的游艇在哪里?》(Where Are the Customers' Yachts?)

1929年是20世纪20年代最重要的一年。在大多数人的心目中,1929年标志着纽约股市的崩盘,也意味着美国经济大萧条的开始,而且还代表着美国前所未有地经历的十年繁荣时期的结束。

1955年,约翰·肯尼斯·加尔布雷思出版了他那本可读性非常强、读起来也很享受的经典著作《1929年大崩盘》*（*The Great Crash*, 1929）。读者在看了这本深受欢迎的书以后很可能会认为，谁要是再依葫芦画瓢写一本关于1929年大崩盘的书就未免有点愚蠢。确实如此，所以，我不打算依葫芦画瓢，并且还会得出不同的结论。

本书描述了1929年的经济形势以及导致那年10月股价暴跌的事件。本书的结论是：对于美国来说，20世纪20年代是一个经济繁荣的非常时期，而1929年股票市场也远远没有明显陷入了困境。不过，1929年确实发生了一些非常严重的事件，我们应该尝试着弄清那年到底发生了什么。

20世纪20年代，美国的经济确实让一些优秀人士取得了国际级的成功。像本杰明·斯特朗（Benjamin Strong）、欧文·D. 杨（Owen D. Young）和阿尔弗雷德·斯隆（Alfred P. Sloan）这样的优秀人士取得成功的故事着实令人欢欣鼓舞。那么，是哪里出了问题并导致纽约股市崩盘呢？

请读者准备好和我们一起去寻找事情的原委，还要重新评价那些造成10年经济萧条、很可能是导致绝望和动荡的温床并且最终导致第二次世界大战的事件。

对于想了解1929年的各种各样的当事人和眼花缭乱的事情的读者来说，有几个很好的资料来源，而约翰·肯尼斯·加尔布雷思的《1929年大崩盘》（1961）就是一个非常全面、简洁明了、极有趣味的资料来源，戈顿·托马斯和马克斯·摩根—威茨（Gordon Thomas and Max Morgan-Witts）的《泡沫破灭之日》（*The Day the Bubble*

---

* 《1929年大崩盘》中文精装版由上海财经大学出版社于2017年出版。——译者注

Burst, 1979)也是数据翔实、内容丰富的资料来源。《泡沫破灭之日》虽说篇幅有点长,但读起来很是有趣。托马斯和摩根—威茨描写生动,就像亲历过这些事情,躲在门后偷听当事人通话那样。在托马斯和摩根—威茨出《泡沫破灭之日》的同一年,汤姆·夏赫曼(Tom Shachtman)出版了《美利坚崩溃之日》(*The Day America Crashed*,1979)。这两本书主题相近、内容迥异,但都在书后列出了详尽的参考文献。夏赫曼几乎采用一天一章外加后记的形式,详细地记述了1929年10月24日和之后5个星期每天从早晨5:00到下午6:00所发生的每一件事情。巴里·A.威格莫尔(Barrie A. Wigmore)在《股市崩盘与其后:1929~1933年美国证券市场纪实》(*The Crash and Its Aftermath: A History of Securities Markets in The United States*, 1929~1933, 1985)中如实描述了美国证券市场的一段历史,并且提供了很多关于135家公司的财务信息。那么,1929年到底发生了什么呢?时任美国总统赫伯特·胡佛(Herbert Hoover)把当时不断上涨的股市价格看作由联邦储备委员会的失误造成的投机性泡沫:"这其中的一朵云彩就是十年的持续发展促成的不断高涨的乐观情绪,而联邦储备委员会把这种情绪转化成了证券交易所的'密西西比泡沫'。"[1] 不过,美国人当时乐观情绪高涨,可以说是事出有因。其实,1929年并没有什么"泡沫"可以破灭,联邦储备委员会也没有制造什么泡沫,但却为摧毁股市价值做出了贡献。

在美国参议院银行与货币委员会举行的听证会上,参议员格拉斯要求惠特尼说出做股票投机并知道自己所买股票实际内在价值的投资者的比例。惠特尼(和其他人都)不能区分股票投机者和投资者。同样,在1929年,并没有人知道如何具有一定可信度地确定股票的实际内在价值(其实,确定股票价值至今仍然是一种挑战)。就像小弗雷德·施韦德坚持认为的那样,选股比投掷硬币需要更多的技能,但到目前为止仍没人明白:我们必须多掌握多少技能才能选股,或者说才能确定何时市场价位过高(何时必须做出卖出决定)或者过低(何时必须做出买进决定)。投资者因为"知道"市场价位过高或者过低而过度自信是十分危险的,就像下面这段对话所说的那样:

投资者:"我开始对股市有感觉了。"

投资者的朋友:"快吃阿司匹林,你可能感冒了。"

今天我们做出的很多金融决定严重受到我们对过去发生的事情的理解的影响。对于我们来说,重要的是应该设法弄清1929年的实际经济形势以及股票市场上发生的事情。笔者力争使本书保持"朴素、简洁"的风格,以免重要的信息因被埋没在花哨的修饰中而为读者所忽视。

注释:

1. Herbert Hoover, *The Memoirs of Herbert Hoover* (New York: Macmillan, 1952), p. 5.

2

1929 年大迷思

"谁杀死了知更鸟？灾难的预言家们现在该满意了吧？"

——1929 年 11 月 16 日《华尔街杂志》(The Magazine of Wall Street)

我们在弄清 1929 年股市崩盘的问题上犯了很大的错误，就连"1929 年股市崩盘"这种说法也是不准确的。当时，股市的最大跌幅并不是出现在 1929 年 10 月，而是出现在此后的 2 年里。1929 日历年，纽约股市在上一年大涨 37.9% 以后只损失了 11.9% 的市值。1929 年 12 月，包括约翰·梅纳德·凯恩斯(John Maynard Keynes)和欧文·费雪(Irving Fisher)在内的很多经济学专家、学者都认为金融危机已经过去。到了 1930 年 4 月，道琼斯工业股平均指数已经收复了很大一部分上一年 10 月因大盘下跌而失去的阵地。

有些作者对炫耀自己的聪明才智比分析事实真相更感兴趣，他们对 1929 年秋季发生的事件的轻率阐释加剧了我们的误解。笔者将通过本书来证明，有很多理由可以认为股市在 1929 年并没有被明显高估，1929年秋天持有股票并在12月买进股票是明智之举（不可否认，这种投资策略在当时会被认为大错特错）。

笔者想在书中思考两个问题：一是1929年10月股市是否处于不合理的高位；二是股市崩盘是否在所难免。我们将介绍一些并非基于某种高估假设的对股市初始下跌所做的解释。我们无力全面解释1929年秋天股市下跌的原因，参考具体的特定事件并不能充分说明市场心理的变化状态。

本书的目的并不是要确定1929年秋天的股市下跌触发了20世纪30年代的经济大萧条，而是要更加精确地记述1929～1932年的股市崩盘，以便我们能够更好地理解当前的股市行情，并且更加准确地预测股市的未来走势。

现在的通常做法是把1929年10月前的股市作为一种泡沫事件或者投机狂潮来描述。综观经济史，有很多事件被定义为泡沫事件。历史上，通常用交易者非理性的假设来解释金融市场上出现的价格泡沫（价格大涨后出现的大幅下跌）。譬如说，C. P. 金德尔伯格（C. P. Kindleberger）采用以下方式来解释泡沫："偏离正常、理性的行为导致所谓的狂热或者泡沫的逐利性投机。'狂热'这个词重在强调非理性，而'泡沫'则预示着破灭。"[1]

近来，引入理性预期假设的经济学模型证明了存在理性价格泡沫的可能性。当某种产品或者资产的本期价格是这种产品或资产价格预期变动的函数——无疑是金融市场上的一种现象——时，就有可能出现价格泡沫。这类经济学模型的一个重要变体坚持认为，"太阳黑子"式的变量，即与经济基本面没有关系的变量，也能影响经济的均衡条件,除此之外还会导致价格泡沫。

虽然有先验的理由可以怀疑"太阳黑子"是导致价格变动的重要决定因素,但是,对价格还会继续上涨的预期引发价格上涨的可能性在理论上(至少根据理性预期模型)是站得住脚的。[2]

R. P. 弗勒德和 P. M. 加德尔(R. P. Flood and P. M. Garder)已经完成了一项关于价格泡沫存在性的经验研究。[3] 他俩没能拒绝德国20世纪20年代发生的恶性通货膨胀中不存在价格泡沫的假设。他俩在探讨了价格总水平的变化速度问题以后,也适度谨慎地对更加专业化的资产市场进行了推测:

"经济学界关于泡沫存在性的传统做法就是比较关注像郁金香泡沫、南海泡沫、密西西比泡沫和1929年股市崩盘这样的市场事件,但就是没人验证这类在现有理性预期文献中定义的泡沫事件是否真正存在过。"[4]

很多所谓的泡沫事件,其实就是一些值得关注的没有取得成功的经济冒险行动或者诈骗高手极力兜售的设计巧妙的骗局。著名的"南海泡沫"事件就是以上两个因素合并产生作用的结果。

"南海泡沫"事件(1711~1721年)发生在英格兰。这个事件起始于一家合法企业[持有拉美国家贸易垄断特许状的南海公司(South Sea Company)],但却以强行抛售几乎一文不值的证券而告终。南海公司第一艘开往拉丁美洲的货轮于1717年被西班牙人击退。1718年,英格兰陷入与西班牙交战的状态,而南海公司原先的贸易垄断特许状就因此失去了它的价值。面对存在理由的丧失,南海公司就对自己持有的英国政府债券进行重新包装。由于有新资本取代了旧资本,因此,南海公司因其股价大幅上涨而买进了更多的政府债券。在断言只有傻瓜才会陷入这样泡沫事件之前,我们先来看看艾萨克·牛顿(Isaac Newton),他当时在1个月的时间里以100%的盈利率卖掉了他持有的7 000股南海公司股票,但7个月后因重新投资这家公司的股票而损失了20 000英镑。[5]

据南海公司的股东、1717~1721年南海公司股票的主要发起人约翰·布伦特(John Blunt)介绍,"牛顿仍然以右手捧着祷告书、左手拿着招股说明书的方式过着他的生活,而且从不让右手知道左手在做什么"。[6]

从本质上讲,1929年的纽约股市不同于包括南海泡沫事件在内的经典泡沫事件例子。1929年股市崩盘更多是许多人错误判断和决策造成的结果,而不是少数投机商为非作歹的结果。1929年10月有充分的理由买进股票,但市场情绪很快由乐观转为悲观,而市场的负面心理变得比基本经济因素更加重要。

1929年以前

重要的是应该了解一些导致1929年股市下跌的最重要事件。1920年,沃伦·G. 哈丁(Warren G. Harding)当选美国总统;1924年,卡尔文·柯立芝(Calvin Coolidge)当选总统。这两位总统在执政业绩方面排名不是很高,而且他俩任命的官员也不尽如人意。1929年初,联邦储备委员会由哈丁和柯立芝任命或者重新任命的成员组成[埃德蒙·普拉特(Edmund Platt)、查尔斯·S. 哈姆林(Charles S.

Hamlin)和阿道夫·C. 米勒(Adolph C. Miller)三位委员原先由威尔逊(Wilson)总统任命]。遗憾的是,他俩任命的这些委员并非最有监管美国银行体系的才干或者没有为监管美国银行体系做好最充分的准备。1929 年 1 月,联邦储备委员会由以下 6 名成员组成[遗漏了两个当然委员——财政部长 A.W. 梅隆(A. W. Mellon)和货币监管局局长 J. W. 波尔(J. W. Pole)]:

罗伊·A. 杨(Roy A. Young),在被任命为联邦储备委员会委员之前是明尼阿波里斯(Minneapolis)联邦储备银行行长;

埃德蒙·普拉特,之前是报纸编辑和来自纽约州波基普西(Poughkeepsie)的国会议员;

阿道夫·C. 米勒,之前是经济学教授,曾先后在哈佛大学、芝加哥大学和康奈尔大学任教;

查尔斯·S. 哈姆林,在克利夫兰和威尔逊政府担任过财政部部长助理,曾是联邦储备委员会首任主席;

乔治·R. 詹姆斯(George R. James),以前是孟菲斯的商人;

爱德华·H. 坎宁安(Edward H. Cunningham),是爱荷华州的一名农场主。

杨、哈姆林和米勒三人还有一些相关经历或者学术资格,但其他成员需要在职培训。尽管杨实际对联邦储备委员会在 1929 年上半年采取的行动表示了反对,但是,无论是杨还是哈姆林都不是很有洞察力或者说服力,而且都缺乏联邦储备委员会需要的那种领导力。米勒是联邦储备委员会最关键的成员,并且成了联邦储备委员会实际上的思想领袖。米勒虽然有相关的学术背景,但独断专行。哈姆林有记日记的习惯,他的日记是我们了解当时联邦储备委员会会议上发生过什么事情的一个重要来源。

本杰明·斯特朗这个美国(在国际上)最受尊敬的银行家在1914～1928年秋天期间担任纽约联邦储备银行行长。1925年,联邦储备委员会建议采取对银行直接施压控制投机交易的策略,"斯特朗行长表示反对,并且指出对银行直接施压在纽约不可能取得成功,除非联邦储备银行拒绝给发放投机贷款的银行再贴现,这就意味着实行信贷配额制,'并且会导致灾难'"。[7]

斯特朗于1928年去世,但他的影响一直延续到1929年。从1921年到1928年8月,美国真正的金融天才和实权人物是时任纽约联邦储备银行行长的本明杰·斯特朗。莱斯特·V. 钱德勒(Lester V. Chandler)为斯特朗写了一本颇具权威性的传记。[8] 斯特朗是一个得到公认的国际金融领袖人物、名副其实的美国银行业大腕。最重要的是,斯特朗的聪明才智和人格魅力(包括他那很有感染力的幽默感)使得纽约在1921～1928年间成了美国银行业的权力中心,这一点大大挫伤了联邦储备委员会几名成员尤其是杨和米勒的自尊心。

1927年夏天,美国已经濒临经济衰退,生产率已经开始下降,一些重要的经济指标都出现了负值。此外,欧洲正在向美国输出黄金,而欧洲银行家们担心发生国际性金融灾难。

斯特朗领导了一次旨在降低再贴现率并增加各联邦储备银行美国证券持有量的行动。这项放松银根的行动大获成功,从而避免了经济衰退。事后,米勒把1928年股票投机卷土重来的责任推在了斯特朗1927年实施放松银根政策的头上。米勒在带领联邦储备委员会避免在1929年"重犯错误"方面产生了重要的影响。

股票投机

整个20世纪20年代,纽约的银行一直向股票经纪人发放贷款。在联邦储备委员会的一些成员看来,由纽约银行提供资金的股票"投机"变得越来越有可能引发灾难。于是,联邦储备委员会建议通过限制美联储会员银行的贷款来"直接对纽约银行施压",从而减少纽约银行对股票经纪人的贷款。斯特朗不赞同联邦储备委员会的建议,他成功地证明了惩罚发放投机贷款的银行是一项灾难性的政策。1928年10月,斯特朗在长时间患病后去世。斯特朗病故后,由于联邦储备委员会提议压缩向股票经纪人发放的贷款,而纽约联邦储备银行则希望提高再贴现率,因此,双方之间的争执不断升级。

1929年2月这一期的《联邦储备委员会公报》(Federal Reserve Bulletin)明确表示,各联邦储备银行将采取措施减少流向"投机者"的信贷。这一期的公报还表示,美联储"有意限制为增加投机信贷而直接或者间接利用美联储信贷便利的行为"。

1929年初,联邦储备委员会已经发出它认为股票投机过热、希望各会员银行减少向经纪人发放贷款的信号。在接下来的几个月里,(意欲通过直接施压控制股票投机的)联邦储备委员会与(和那些一心想获得信贷的银行都希望规避武断的银根收紧行动的)纽约联邦储备银行之间又发生了一系列的公开冲突。1929年2月初,纽约联邦储备银行打算把再贴现利率从5%提高到6%,而联邦储备委员会直到1929年8月仍拒不批复纽约联邦储备银行反复提出的加息申请。

一家获得一笔贷款的商业银行想提高自己获得更多贷款的能力，可以把这笔贷款存入它所在联邦储备区的联邦储备银行，然后换得联邦储备券或者等额的会计分录。这家商业银行支付给联邦储备银行的利率就叫"再贴现利率"，并且对于必须承担这个利率的银行来说就是费用（这家银行的贷款利率必然高于再贴现率）。再贴现率一旦上调，立刻就会推高银行贷款给自己客户的利率。

美国参议院立刻对联邦储备委员会公开谴责的银行推动"投机热"的做法做出了反应，通过了以下支持联邦储备委员会的决议：

"据最近的新闻报道，联邦储备委员会谴责有人通过商业渠道筹措资金并把它们用于股票投机，其中的有些投机交易是非法且有害的。鉴于此，参议院特决定要求联邦储备委员会向本院报送任何它觉得有助于保护为纠正和防范受到谴责的非法、有害投机行径所必需的立法的信息和建议。"[9]

很多人坚信，1929年的股价水平是邪恶的不计后果的投机造成的结果。水平最高的金融专家和级别最高的政策制定者纷纷发表讲话抨击投资界，说是过度投机已经把股价抬得太高。投资银行家协会主席特罗布里治·卡拉威（Trowbridge Callaway）甚至还谈到了"投机热毁了美国人民的美好愿景"。[10]

M. 弗里德曼（M. Friedman）和 A. J. 施瓦茨（A. J. Schwartz）是这样描述20世纪20年代末美国的经济形势的："牛市导致促进商业活动的目标与限制股票市场投机的愿望发生了冲突。这一冲突在

1928年和1929年通过实施货币政策得到了解决,这项货币政策并没有紧缩到足以阻止牛市的程度,但对于促进商业强劲扩张又太过紧缩。"[11]

美联储针对股市投机贷款采取的信贷紧缩政策在1929年初开始影响经纪人贷款利率。1929年1月的经纪人通知贷款利率是6.94%,据美联储报告,到了1929年3月底已经上涨到了14.40%。[12] 商业票据贴现利率虽然有所上涨(从5.25%上涨到了6%),但涨幅较小,因此,经纪人贷款与商业活动贷款之间出现了巨大的息差。

尽管美联储表示了对股票投机过度的担心,但从所公布的统计数据看,实体经济基本健康。不过,重要的是应该记住,在美联储暗中打压股票投机和股市价格上涨时出现了商品和服务价格通缩。就如弗里德曼和施瓦茨所描述的那样,"在经济扩张阶段的大部分时间里,货币存量并没有增加,甚至还略有减少——一种此前或此后任何周期性扩张阶段从未出现过的现象。在20世纪20年代,美国并没有发生通货膨胀,而恰恰是出现了通货紧缩"。[13]

到了1929年3月,联邦储备委员会的货币紧缩政策在提高信贷成本方面取得了成功。正常的信贷需求(缴纳所得税、支付季度股息和利息、提供农业春耕资金)从纽约通知贷款市场抽走了资金。纽约国民城市银行(National City Bank of New York)所报的通知贷款利率最高达到了20%。[14] 股价出现了下跌,但纽约本埠银行仍有资金发放经纪人贷款,因此,股价只出现了很小幅度的下跌。

4月和5月,通知贷款利率急剧上涨。仅5月,通知贷款利率就从6%上涨到了15%。[15] 据《纽约国民城市银行简报》(*National City*

Bank of New York Newsletter)报告,纽约本埠银行"越来越不愿发放无法向美联储再贴现的抵押贷款"。[16]

1929年7月15日出版的那期《福布斯》报道称[转引自R. W. 麦克尼尔(R. W. McNeel)],联邦储备委员会的政策正在摧毁投资者的信心;继续执行这项政策必然会阻止资本自由流向美国工业。

一些财经作家越来越觉得美联储不希望股市继续上行,遏制纽约股市投机的战争已经打响。

迷思与寓言故事

迷思只存在于想象。我们从历史数据中知道,股票价格是在1929年第4季度实际开始下跌的。关于1929年,还有一些我们"知道"的其他事情并不是那么明确地来源于事实。下面就是关于1929年的七大迷思:

1. 股价明显定得过高(相关证据表明,股票定价合理)。

2. 股市崩盘在所难免(而当时有观察人士认为,股票既然会涨,就必然会跌)。

3. 大崩盘发生在1929年10月(其实,大部分损失发生在1930年和1931年)。

4. 投机者理应受到教训(但很难区分好的投资者与坏的投机者)。

5. 欺诈性股市操纵推高了股价(有证据表明,确实出现过一些令人讨厌的股票操纵案,但并没有发生过严重的股价操纵事件;没有证据表明市场受到操纵行为的实质性影响)。

6. 贷款给股票经纪人减少了提供给实体经济的信贷(只有在美联储采取行动对总信贷进行配给的条件下才会出现这种情况;但实际情况并非如此)。

7. 高股价对经济繁荣造成了危害(其实并不是股价,而是美联储打压股价的行为,对经济繁荣造成了危害)。

杰拉德·希尔金(Gerald Sirkin)同样持把1929年说成是"投机狂热"期有误导之嫌的立场。他表示,"那年有些时候是出现过一些过热的迹象,但按照衡量这种事情的常规标准,结论应该是与狂热没多大关系"。[17]

1929年有很多油田开发商和投机商的"寓言"故事,下面这个故事十分典型:

我们来看看这个讲述那位拿着天堂入门证前来造访圣彼得的石油股发起人的故事。圣彼得告诉这个石油股发起人分配给油田开发商的配额已经用完,没人再能进入这个行业,至少暂时就是如此。这个发起人并没有流露内心的不快,只是问道:"如果我没有理解错的话,我能获得准入许可的唯一条件就是等这个行业出现空缺?""正是如此,"圣彼得回道。这个候补发起人脸上浮现出会心的微笑。这显然说明,他觉得自己能够创造这个条件。他请求圣彼得恩准他向已经进入这个行业的前辈发一个通告。于是,他对天大喊:"开发商同仁,木星上发现了石油!"他的话音刚落,数千石油开发商就退出了市场。圣彼得多少有点为这么多开发商退出市场感到惊讶,转过身来对这位候补开发商说:"很好,我想你现在可以进来了。"而圣彼得听到的回答是:"圣彼得,我已经改变了主意……也要离去……在我的通告中可能有点真实的东西。"[18]

两个遗漏的主题

本书没有深入探讨两个对于研究那次大萧条非常重要的主题,原因就是没有证据表明它们导致了1929年的股市下挫。

第一个遗漏的主题就是农业在20世纪20年代遇到的问题。技术进步导致了农业减少雇工,这可是长期趋势的一个组成部分。E. L. 博加特和D. L. 凯默勒(E. L. Bogart and D.L. Kemmerer)表示:"据估计,1850～1940年间,机械化农业的发展从农业释放出了3 000万劳动力。"[19]20世纪20年代,技术进步速度加快。此外,相对稳定或者不断下降的大宗商品价格和资本支出需要又对抑制农业繁荣起到了推波助澜的作用。我们没有任何理由认为,是农业部门的以上种种发展或者变化导致了股市下跌。

第二个遗漏的主题就是对外贸易和外国资本市场对美国股票市场价格的影响。博加特和凯默勒提醒称,很可能,"我们夸大了美国对外贸易的重要性""对外贸易对美国的重要性要远远小于它对其他大多数国家的重要性。1929年,我们的人均出口额只有42美元,而加拿大的人均出口额则高达132美元。"[20]我们的进口占国民收入的比例在5%～6%。[21]

有人说,外国股市比美国股市先跌。但是,其他国家股票市场的悲观情绪可能意味着美国股票是相对较好的投资品种。

1930年，美国通过了《斯姆特—霍利关税法案》(Smoot-Hawley Tariff Act)，规定了大约41%的平均关税税率。[22] 鉴于世界第一大股市是从1929年10月开始下跌的，而《霍利—斯姆特关税法案》是在1930年通过的，因此很难说，这部法律是促使10月股价下跌的主要因素（当时，总统有可能否决这部法案）。不过，这部法律很可能对此后的股价下跌和发生的大萧条起到了推波助澜的作用。

我们的假设是：1929年，股市价位并非太高；但是，总统、国会和联邦储备委员会为迫使股市投机者就范而采取了有效的行动；持续不断地打压纽约投机者和"价格被定高"的股市，导致负面新闻和小道消息不断，从而触发了一种导致市场下跌的心理反应。

"谁杀死了知更鸟？"仍然是一个有效的问题，但可以肯定，不是纽约股市投机者杀死的。

我们大家从书籍和报纸上知道1929年就连浴室和旅馆服务员都在做股票投机，但就是没人知道那时有多少缺少最起码技能和条件的人入市投机（甚至可能是投资）股票。F. L. 艾伦(F. L. Allen)曾写道："毫无疑问，投机股票的人远远多于过去。肯定有很多普通文员、速记员、门卫、司机和服务员在股市炒股。不过，做保证金交易的普通股民很可能不超过美国人口的1%。"[23]

我们中的大多数人都赞成美国产业实行所谓的"广基所有制"(broad-based ownership)，但1929年非专业人士持股却被看作一种被称为投机的不良行为。

注释：

1. C. P. Kindleberger, *Manias, Panics, and Crashes* (New York: 1978), p.17.

2. 关于质疑太阳黑子变量重要性的先验理由以及没有充分理由否定自我实现预期的原因,请参阅 M. Woodford,"Three Questions about Sunsport Equilibria as an Explanation of Economics Fluctuations," *American Economic Review*(May 1987),91—93。

3. R. P. Flood and P. M. Garber, "Market Fundamentals versus Price-Level Bubbles:The First Tests", *Journal of Political Economy*(Aug.1980).

4. Ibid., pp. 745—770.

5. J. Carswell, *The South Sea Bubble*(Stanford:Stanford University Press,1960).

6. Viscount Erleigh, *The South Sea Bubble*(London:Peter Davies, 1933), p.39.

7. M. Friedman and A. J. Schwartz, *A Monetary History of the United States*,1867—1960(Princeton:Princeton University Press,1963),p.234.

8. L. V. Chandler, *Benjamin Strong, Central Banker*(Washington, D.C.:Brookings Institute,1958).

9. *The Federal Reserve Bulletin*, Mar.1929, p.175.

10. Investment Bankers Association of America, *Proceedings of the Nineteenth Annual Convention of the Investment Bankers Association of America*, Chicago,1930,p.3.

11. Friedman and Schwartz,*Monetary History*,pp.297—298.

12. *The Federal Reserve Bulletin*, Apr. 1929, p. 249. 不同资料来源给出了不同的利率,但相差不多,属同一量级。

13. Friedman and Schwartz,*Monetary History*,pp.297—298.

14. *The National City Bank of New York Newsletter*, Apr. 1929, p.49.

15. *The National City Bank of New York Newsletter*, June 1929, p.75.

16. Ibid., p. 76.

17. G. Sirkin,"The Stock Market of 1929 Revisited: A Note", *Business History Review* (Summer 1975), 231.

18. 笔者康奈尔大学的前同事亚瑟·E. 尼尔森(Arthur E. Nilsson)在他没有公开发表的论文《使股票安全》(Making Securities Secure)中讲述了这个故事。

19. E. L. Bogart and D. L. Kemmerer, *Economic History of the American People* (New York: Longmans, Green, 1994), p.692.

20. Ibid., p. 804.

21. G. Soule, *Prosperity Decade*, *Volume VIII*, *The Economic History of the United States* (New York: Holt, Rinehart and Winston, 1962), p.264.

22. Bogart and Kemmerer, *Economic History*, p.816.

23. F. L. Allen, *The Lords of Creation* (New York: Harper, 1935), p.353.

3

背景描述

不管怎样,如果美联储官员的态度完全可用其支持者们的言论来反映,那么,只有那些担心股市上涨的人是美联储官员的支持者,因为普通小投资者都担心股市下跌。

——1929 年 5 月 18 日《华尔街杂志》

从 1925 年到 1929 年前三季度,纽约股市大幅上涨。表 3.1 列示了 1925～1929 年纽约证券交易所全部挂牌交易普通股价格指数的变动状况。

表 3.1　　　　　　1925～1929 年普通股价格变动状况

时间	全部普通股价格指数 (1941～1942 年为 10)	增长率	1925 年以来的 累计变动幅度
1925 年第一季度	11.01		
1926 年第一季度	12.94	0.18	0.175
1927 年第一季度	13.94	0.08	0.266

续表

时间	全部普通股价格指数 (1941~1942年为10)	增长率	1925年以来的 累计变动幅度
1928年第一季度	17.49	0.25	0.589
1929年第一季度	24.24	0.39	1.202
1929年第二季度	24.43	0.01	1.219
1929年第三季度	28.12	0.15	1.554
1929年第四季度	21.90	−0.22	0.989

资料来源：N. S. Balke and R. J. Gordon, "Historical Data," in *The American Business Cycle* (Chicago: University of Chicago Press, 1986), p. 802。

普通股市值在(从1925年到1929年的)4年里增长了120%，这就意味着21.80%的年均复合增长率。虽然这是一个很高的增长率，但并不是能够证明投机狂热的确凿证据。

20世纪20年代是美国经济非常繁荣的十年，而股票市场与它不断上涨的价格一起反映了这种繁荣以及对于繁荣还将继续的预期。但是，美国国会和联邦储备委员会对纽约发生的股市投机忧心忡忡。1928年2月和3月参议院银行与货币委员会举行了两次关于经纪人贷款的听证会，1928年3月、4月和5月众议院银行与货币委员会举行了三次以稳定为主题的听证会，这些听证会都非常有助于我们理解联邦储备委员会随后在1929年采取的行动。

由于1928年1月11日纽约联邦储备区会员银行发放的股票和债券担保贷款总额超过了380亿美元，"其中最大一部分贷款被用于在纽约证券交易所做股票投机"[1]，因此引起了参议院的注意。抑制纽约证券交易所出现的投机行为已经成为参议院的最大愿望，参议员们并没有明确投机的定义和性质，但都认为投机就是一种邪恶，必须加以制止。

威斯康星州籍的参议员罗伯特·拉弗莱特(Robert LaFollette)主持了参议院举行的听证会，他援引联邦储备委员会前秘书 H. 帕克·威利斯(H. Paker Willis)的话说："事实仍然是，我们的联邦储备系统没有对交易所投机这个美国的大恶产生真正的补救性影响。"[2]

联邦储备委员会的新晋主席罗伊·杨(曾经担任过明尼阿波利斯储备银行行长)为联邦储备系统辩护表示，经纪人贷款从 1926 年 1 月 6 日到 1928 年 2 月 29 日的持续增长，"完全改变了企业和个人贷款的用途"，而且并非美联储或者纽约银行采取行动的结果。[3]

杨寻思："这么多的经纪人贷款是否正在推动股票市场把信贷逐出工业和商业？"[4] 但并没有发现"任何能够证明信贷正被逐出商业或者工业的证据"。[5] 杨最后表示，"目前，本人并不准备就经纪人贷款是太多还是太少的问题发表自己的看法。我认为，这个问题任何其他人都说不清楚。只要这些贷款是安全、谨慎地发放的，我就感到满意"。[6]

参议员卡特·格拉斯(Carter Glass)以提问的方式做出了回应。格拉斯问道："您就不想做些什么改变现状，并且认为它们不是安全发放的？"[7]

杨并没有对格拉斯省略"谨慎地"提出异议。他回答说："是的。不过，我是站在联邦储备银行的立场上讲话。我并不认为，联邦储备银行应该明确表示经纪人贷款太多或者太少。现在，如果再进一步增加经纪人贷款，并且达到危险的程度，近似于无担保投机，那么，我完全相信美国银行界同仁会认为他们自己能够纠正这种状况。"[8]

这样的积极表态十分重要,因为它把杨与联邦储备委员会的其他成员区分开来。联邦储备委员会的另外5名成员断定,股票市场存在过度投机的问题,联邦储备委员会必须采取行动。

联邦储备委员会副主席埃德蒙·普拉特(曾是纽约州波基普西一家报纸的编辑)也表示,他并不认为股市价位太高。[9]

普拉特先生:"股票价格看似普遍上涨。换句话说,我并不认为任何人都能肯定并且明确地表示,譬如说,像'美国钢铁'这样的股票不应该在出现5%的差价时卖出……由于斯普拉格(Sprague)教授传授了保全和运作资本的全部要领,说不定有那么多的资本在寻找投资出路,因此,股票行情看起来还算正常。将来或在出现5%甚或4.5%的差价时,就应该卖掉手中的股票。我想,别人不管怎样都不会积极表态。"

参议员格拉斯:"你是不是认为投机总要考虑证券的安全性?"

普拉特先生:"不一定。但我认为,投机确实常涉及一些等级较高的证券——如投资信托买进的证券。在目前的情况下还存在另一个问题。近来,小投资者可以投上千把美元的投资信托数量猛增,他们的投资分散在像'美国电话电报''美国钢铁'这样的股票上。小投资者通过投资信托把千把美元分投在很多这样的股票上,因此,从长期看不会面临很大的亏损风险。"

普拉特没能明白,投资信托并不能保护投资者免受股市价格波动的影响。他同样也不能明白,有些投资信托是利用大量的借入资金赚取股权投资回报,因此要冒很大的风险。

当时,格拉斯"认定"市场有投机存在。

参议员格拉斯:"在很多占据相似地位的股票中,我现在只记得一只股票。这只股票在1月份以108.25美元的价格挂牌交易。该股所属公司的管理层一直没有变更,公司产品的供应和销售也几乎没有增加或者减少。这只股票目前或者昨天在市场上的卖出价是69美元。"

普拉特先生:"这只股票的卖出价曾涨到过108美元?"

参议员格拉斯:"是的,这只股票就在今年1月份还以108美元的价格出售。昨天,这只股票只卖69美元。你说说,这不是投机又是什么?"[10]

在格拉斯看来,买进一只价格下跌的股票就是在投机。普拉特说"从长期看,买进这只股票并不会面临很大的损失风险",如果把"长期"定义为20年以上,那么,他这么说是对的。但在短期内,风险预期就有很大的区别。

联邦储备委员会的查尔斯·哈姆林(曾在波士顿当过律师)拒绝了到会作证的邀请。不过,联邦储备委员会的E. H. 坎宁安(原先是爱荷华州的农场主)发表了他自己的一些看法。他明确表示,他自己反对把信贷用于投机。"不过,我觉得过去3年投机用途的信贷快速增加是一种方向错误的趋势。这种用途的信贷构成我们国家可用信贷的一部分,在信贷供给被削减或者受到限制的情况下,投资股票的贷款自然会产生限制信贷可用额度的效应;如果不采取控制措施,就有可能达到工商业信贷需要严重得不到满足的程度。"[11]联邦储备委员会没有能力区分用于为炒股融资的信贷与用于购买商品和服务的信贷,结果导致美国付出了沉重的代价。

1928年3月、4月和5月,美国众议院银行与货币委员会举行了3次以稳定为主题的听证会。这几次听证会都与为了提高联邦储备系统促进经济稳定的能力和美元购买力的稳定性而考虑立法修订《1913年联邦储备法案》(Federal Reserve Act of 1913)有关。

第一个在众议院银行与货币委员会听证会上作证的证人,是原来做过经济学教授的联邦储备委员会委员阿道夫·米勒。他在作证发言时大量引用了弗雷德里克·C. 米尔斯(Frederick C. Mills)的《价格行为》(The Behavior of Prices)中的观点。下面就是米勒与来自阿肯色州的众议员奥迪斯·温格(Otis Wingo)之间展开的一段有趣对话:

米勒先生:"不瞒你说,我几天前才看到这本书,因此,我无法告诉你书中的全部内容。"

温格先生:"我想你在看这本书的时候会清楚地感觉到,米尔斯所说的价格行为主要是我们人类个体的行为。这就是米尔斯这本书的主题。"

米勒先生:"是的,这本书的书名就表明,它的内容代表着现代研究和现代经济学的精髓。"[12]

温格接着又提了很多问题,他的提问表明他完全预期到了联邦储备委员会在1929年采取的错误行动。

温格先生:"这难道不是支配你们联邦储备委员会决定这种问题的主要问题?难道你们没有想过你们的政策就是应该满足我国工商企业的合法经营需要,而不是影响股票市场?如果合法经营需要宽松的银根,你们就应该去满足这种需要,而不是袖手旁观,因为你们的袖手旁观很可能会导致股市出现大量投机的恶果。"

米勒先生:"您有何高见,应该如何协调这两个政策目标呢?现在,我们国家的股票市场已经在大肆利用宽松、便宜的信贷。"

温格先生:"我想你没有明白我的意思。我的意思是:在确定再贴现率和决定你们是否要向市场多投放货币或者抽走货币方面起支配作用的因素,根本不是股市的走势——因为这不是应该首先考虑的问题,而是工商企业合法经营的需要。你以为如何?"

米勒先生:"是的。"

温格先生:"事实是,你们在满足企业的合法经营需要时捎带刺激了股市投机,难道你们就应该因此而阻止自己去满足企业合法经营的重大需要吗?"[13]

米勒继续回答温格的提问,而温格继续提醒米勒"你还是没有明白我的问题"。[14]倘若米勒当时能够明白温格的意思,那么,历史进程很可能会改变。温格聪明睿智、知识渊博,他曾是一名优秀、务实的教师(他提出的问题就能证明这一点)。遗憾的是,米勒和其他4位联邦储备委员会委员不能理解股票市场与实体经济之间的区别。温格最后肯定地说:"也就是说,你们并不总能确定什么时候经纪人贷款或者股票贷款就是用于投机的贷款。"[15]米勒没有直接就温格的这句话发表自己的看法,而是最后表示:"我本人的观点是,为了达到妥善管理联邦储备系统的目的,必须严格控制把美联储的信贷转化为投机贷款的行为。"[16]

当有一位在场的众议员插话问"说到银行实务,你是不是知道资金流向？"[17]时，米勒回答说："资金流向并不总能很容易弄清楚，但能感觉得到。"[18]请别忘记，米勒在1929年是联邦储备委员会的思想领袖，而且是该委员会里最有说服力的委员。由此不难想象，联邦储备委员会当时可以说是深陷困境。

前几次拒绝到会作证的哈姆林这次也出现在了证人席上。他在会上作证表示：他认为，当"投机那么严重地威胁到商业，有可能减少商业所需的信贷"时，联邦储备委员会有权采取行动。不过，他也表示"我总也可以不采取行动"。[19]

联邦储备委员会主席杨也在那次听证会上作证，他的证词可用他的这段话来概括："稳定是个大问题，而且还是个大难题。但也是一个到目前为止我也无法说清楚的问题。"[20]原来，米勒就是这样成为联邦储备委员会实际上的知识领袖的。

最终，没有人能够支持或者反对根据这些"如果……那么……"式表述得出的结论。不过，我们可以斗胆试问：如果阿肯色州的参议员奥迪斯·温格身体健康并且在1929年出任联邦储备委员会主席，那么会有怎样的结果呢？他在那几次听证会上提出的那些问题表明他的财经知识超过了联邦储备委员会全体成员的全部财经才干。但遗憾的是，1929年，"牌没有这样发"，而阿道夫·米勒是联邦储备委员会采取行动的指导力量。

温格并非只配就这么赞扬几句。他于1900年加入律师协会，并且就在阿肯色州塞维尔（Sevier）县执业。他9次当选国会议员，从1913年到1930年去世一直在为国会效力。他是建议制定《联邦储备法案》的主要发起人之一。他于1930年10月21日去世，后来他的夫人艾菲吉纳·洛克·温格(Effiegene Locke Wingo)当选议员取代了他。温格夫人从1930年到1933年在国会履职，她没有报名参加1932年的候选人提名，而是去从事了其他事业。

一个与温格同时代的人对温格做了如下描述："温格先生相貌堂堂、自信果敢、富有进取心，是一个天生的领袖人物。温格先生志存高远、情感深厚，对人诚恳、和蔼可亲。"[21]尽管他在参加听证会时已经病魔缠身，但在听证会上提出了从清晰性、深刻性和睿智性各方面看都可以说是非同寻常的问题。米勒没能更加认真地聆听这位阿肯色州的国会议员真是悲剧，阿肯色州的这位国会议员做得非常出色，我们大家都有愧于他。他有效地破解了放给经纪人的贷款会阻止贷款流向实体经济的迷思，遗憾的是，米勒没能明白他的告诫。

我们不能确定1929年股市下跌的原因和结果，但我们能够肯定米勒不明白温格在1928年给他的告诫。1929年，联邦储备委员会和被作为思想领袖的米勒一起，试图通过采取几次重大行动来阻止股票市场上出现的投资交易。到了8月，他们取得了成功。我们不能断定是联邦储备委员会导致了1929年秋天的股价大跌，但有证据证明(由股票投机造成的)股价上涨是联邦储备委员会的一大心病，是这个委员会采取行动阻止了股价上涨。

注释：

1. Senate Committee on Banking and Currency, Brokers' Loans (Washington: United States Government Printing Office, 1928), p. 1.

2. Ibid., p. 2.

3. Ibid., p. 69.

4. Ibid.

5. Ibid.

6. Ibid., p. 77.

7. Ibid.

8. Ibid.

9. Ibid., pp. 79—80.

10. Ibid., p. 80.

11. Ibid., p. 96.

12. Committee on Banking and Currency House of Representatives, Stabilization(Washington:United States Government Printing Office,1929),p. 111.

13. Ibid., p. 118.

14. Ibid.

15. Ibid., p.121.

16. Ibid.

17. Ibid.

18. Ibid.

19. Ibid., p. 396.

20. Ibid., p. 412.

21. *The National Cyclopedia of American Biography* (New York:James T. While,1932,vol. 22),pp. 75—76.

4

如何破解迷思

> 美国经济持续繁荣,华尔街人气旺盛,股市一路走高。华尔街的乐观情绪是国家强盛、民族自信的表现,而美国奇妙的金融制度为这一切做出了有力的贡献。每个人都愿意投资于或者下注于美国的繁荣。
>
> ——1929年10月19日《华尔街杂志》

在这一章里,我们要破解"股价明显定得过高"、"大崩盘发生在1929年10月"和"股市崩盘在所难免"这三大迷思。

1929年,股市是否被邪恶、盲目的投机搞得过热?要回答这个问题,必须对1929年9月和10月的经济基本面和股市进行回顾。按照传统的说法,那次股市崩盘发生在1929年10月24日星期四和29日星期二。因此,这两天后来分别被称为"黑色星期四"和"黑色星期二"。

1929年9月3日,道琼斯工业股平均指数创下了381.2点的历史纪录。但到10月24日星期四收盘时,道琼斯工业股平均指数已经跌到了299.5点——大跌21%。仅10月24日一个交易日,股市就下跌了33点(按当天的最低值计)——日跌幅高达9%。到了11月13日,大盘已经跌到了230点——距离大盘最高点多达40%。

表4.1列示了R. G. 伊博森和R. A. 辛格费尔(R. G. Ibbotson and R. A. Sinquefield)计算的纽约证券交易所1925～1933年股票市值指数数据。[1] 数据显示,纽约股市崩盘实际持续了4年。其间,股市几乎丢失了72%的总市值。[2] 股市最大跌幅出现在1930年和1931年,而1929年只下跌了11.9%。由此可见,股市在1929年"崩盘"是一个迷思。确切地说,股市只是从1929年开始崩盘。

表4.1　　　　　　　　　　　股市指数

年份	股市指数	指数变动点数	指数变动百分率
1925	1.000		
1926	1.057	+0.057	+5.7%
1927	1.384	+0.327	+30.9%
1928	1.908	+0.524	+37.9%
1929	1.681	−0.227	−11.9%
1930	1.202	−0.479	−28.5%
1931	0.636	−0.566	−47.1%
1932	0.540	−0.096	−15.1%
1933	0.792	+0.252	+46.7%

资料来源:R. G. Ibbotson and R. A. Sinquefield, Stock, Bonds, Bills, and Inflation: The Past and the Future(Charlottesville, Virginia: Financial Analysts Research Foundation, 1982), pp. 17-19。

纽约股市从1929年到1932年损失70%以上的市值这一事实说

明，至少用一个标准(大盘的实际表现)来衡量，纽约股市在1929年是被高估了。约翰·肯尼斯·加尔布雷思暗示，纽约股市当时存在投机狂热，而且已有崩盘预兆："1928年初，股市高涨的性质已经发生变化。股民大众遁入虚幻世界，股市真的开始出现那么大的投机狂潮。"加尔布雷思毫不困难地发现了实体经济繁荣的结束："到了1929年1月1日，繁荣可能已经结束，而且极有可能在年前已经结束。"[3]

与加尔布雷思的这个观点形成鲜明对照的是，美国当时的著名经济学家欧文·费雪重仓持股，并且在10月股市大跌前后仍看多市场。在股市反弹之前，费雪已经赔掉了他的全部财富(包括住房)。与此同时，可能是20世纪上半叶世界著名经济学家和金融实务知识渊博的大师约翰·梅纳德·凯恩斯(John Maynard Keynes)在英国也遭受了惨重的损失。保罗·萨缪尔森(Paul Samuelson)援引(另一位著名经济学家)P.萨金特·弗洛伦斯(R. Sergeant Florence)的话说："凯恩斯也许让自己和国王学院发了财，但凯恩斯和丹尼斯·罗伯逊(Dennis Robertson)的投资信托让我在1929年破了财。"[4]

我们无缘分享加尔布雷思"预测"市场变化的能力。萨缪尔森承认："就像我通常进行的股价走势图研究实验那样，隐去日期后进行模拟，我发现自己也预测到了1929年的崩盘。"[5] 对于很多人来说，"1929～1933年的股市崩盘既不可以预测也并非在所难免"。[6]

当时，一直持续到1929年10月的股价上涨并非由傻瓜或者投机者驱动。1929年9月和10月仍有聪明、睿智的投资者买进并持有股票。同样，无论是当时还是现在的著名经济学家，都无力预测或者解释1929年秋天发生的股市下跌。本章的剩余部分将说明"股价明显定得太高"只是一个迷思。

经济基本面

美国的实际总收入在1921～1923年间年均增长了10.5%,而在1923～1929年间每年平均只增加3.4%。实际上,20世纪20年代是美国经济实际增长和繁荣时期。1923～1929年,美国的批发价格每年平均下跌0.9%,这反映了在这个健康的实际增长时期货币供应量适度稳定。1929年,"由于美联储担心发生股市猛涨而采取了货币紧缩措施"[7],因此,货币存量略有减少。

考察股市崩盘前美国制造业的情况也能获取很多信息。欧文·费雪写于1929年秋天的《股市崩盘及其后》(*The Stock Market Crash and After*)提供了很多数据。这些数据显示,美国制造业当时取得了实际增长。费雪在书中提供的证据有助于解释他对股价水平持乐观态度的原因。费雪看到了制造业的效率(人均产出)快速提高,因为制造业的产出和用电量双双快速上涨。

市场的财务基本面也很有说服力。1928年,纽约股市45只工业股的市盈率从12倍左右增长到了接近14倍。1929年,工业股的市盈率突破15倍,而后到这年年底差不多跌到了10倍左右。[8]当时的工业股市盈率虽然已经不能算低,但历史地看也绝不能算太过分。大多数市场分析人士认为,市盈率位于这个区间还算合理。

不同板块股票的价格涨幅并不相同,涨幅最大的是那些经济基本面显示有大量乐观理由的产业的股票,其中包括飞机制造业、农具农机制造业、化学工业、百货业、钢铁业、公用事业、电话电报业、电力设备制造业、石油业、造纸业和无线电工业。这些产业的股票大涨是因为股民预期这些产业会增长而做出合理选择的结果。

想要正确看待10～15倍的市盈率,就不能忘记1929年美国政府债券有3.4%的收益率[9],而同年工业债券收益率更是高达5.1%。普林斯顿大学的约瑟夫·斯塔格·劳伦斯(Joseph Stagg Lawrence)认为,股价并没有被定得太高,经纪人贷款也没有过度。他拿700亿美元的股票市值(1929年4月1日)加上470亿美元的债券市值,然后拿两者的和除以68亿美元的经纪人贷款。平均每100美元证券市值中有5.81美元的经纪人贷款债务,这个比例远低于平均每100美元的农业资产中有9.10美元债务的比例。[10]

1920～1929年的产值和生产率

想要了解1929年的股市,我们就得设法了解1920～1929年的实体经济。《联邦储备委员会公报》报告的1920年生产指数是87.11点,美国的生产指数在1921年跌到了67点,然后持续(1924年除外)攀升到1929年的118点。这个时期美国经济生产产值的年增长率达到了3.1%。同期,美国的商品价格实际有所下降。因此,这个10年期的产值指标非常喜人。

1929年上半年月产值仍有所增加:6月,生产指数是125点,7月下跌到了119点,8月回升到了121点,9月又继续攀升到了123点。

即使10月,生产指数也仍有120点。从这个广为人知的工业生产衡量指标看,股市几乎没有令人担心的原因。

1929年9月,工厂工资指数是111点(历史最高纪录),10月下跌到了110点,这个指数值仍大于1929年9月除外的之前所有月份和年份的指数值。同期,工厂就业人数这个衡量指标的走势与工厂工资指数完全吻合。

1929年9月,未经调整的铁路货运积载量指数是121点——历史最高纪录,10月下跌到了118点——仅次于9月的历史第二高纪录。

1929年全年各月的农产品价格指数不是等于就是高于101点,而全年平均农场价格指数为105点(1928年的农产品价格指数是106点,1927年只有99点,1926年为100点)。此外,1929年的非农产品价格与1928年相比,也有所下降。

1929年8月和9月建筑业合同签订数与签订数很高的7月相比有所减少,因而无疑令一个需要增长才能存续的市场感到失望。

J. W. 肯德里克(J. W. Kendrick)为我们对美国不同时期的生产率增长率进行了估计。[12]我们把生产率定义为单位投入品的产出。由于产品和不同生产要素组合不断变化,因此难以计量生产率变动状况,但肯德里克采用了合理的生产率计量指标。

1919～1929年这个时期出现了最大的全要素生产率年均变动率。这个时期美国制造业全要素生产率的年均增长率达到了5.3%,是美国历史上全要素生产率第二高的年均增长率,比(1948～1953年的)年均增长率2.5%高出1倍多。[13]

1919～1929年，美国农业生产率的年均增长率低于1948～1953年，矿业生产率的年均增长率低于1929～1937年，而交通运输生产率的年均增长率则低于1929～1937年和1948～1953年这两个时期，但与另外4个考察期仍有一比。1919～1929年，通信与公用事业生产率的年均增长率不及所有其他考察期。

总的来说，1919～1929年的生产率增长率毫不费力就能排名第一，并且以3.7%的生产率年增长率轻松击败肯德里克考察的其他6个时期。这是一个不同凡响的经济业绩——一个足以证明股市乐观情绪有其道理的经济业绩。

劳伦斯也认为，高股价只不过反映了高水平的商业利润率和增长率；联邦政府不应该对股市价位进行判断(并且采取行动)。

股票自身的高价值

在一个我们的经济生活与工业革命时期相比取得根本改善的时代，美国的各行各业获得了显著的发展，对外贸易赶上了难得的发展机会，并且在国际贸易和金融领域占据了主导地位，再加上国内外一派和平景象，政府领导着一个极其自信的国家。在这样一个时代里，难怪那些买进股票的人，用经济学家的话来说，那些为未来能获得无穷级数收益而支付一笔现款的人，应该愿意支付相当高的价格。这些人高度评价未来收益增量，并且赋予未来收益增量很低的折现率。他们也许错了，但应该由他们自己来判断，华盛顿的某个机构千万不要越俎代庖。

劳伦斯认为，1929年第1季度（劳伦斯把手稿交给出版商的时间）的相关数据记录显示了一派"繁荣的商业景象，事实上是近年来最光辉灿烂的商业景象"。[14]

1928年前9个月，纽约股市支付现金股息24亿美元，而1929年前9个月增加到了32亿美元——增幅几乎达到了30%。[15] 1929年9月支付现金股息3.99亿美元，而1928年9月只支付了2.78亿美元的股息（1929年9月比1928年9月多支付了44%）。这些数据引人注目，而且是表明市场情绪乐观的合理依据。

1929年前9个月有1 436家公司公告增派股息，1928年公告增派股息的公司只有955家，而1927年更是减少到了755家。[16] 1929年9月有193家公司公告增派股息，而上年同月只有135家公司公告增派股息。1929年9月和10月，关于企业财务都是正面新闻。

如果说以上增派股息的数据只是反映了上市公司分配掉了较高百分比的收益而已，因此是一个引起担心的原因，那么，1927年9月上市公司派息率是71%，1928年9月上升到了75%，而1929年9月则下降到了64%。1929年不但上市公司增派股息，而且公司收益也显著增加。

1929年5月4日那期的《华尔街杂志》刊登了一篇名为《收益率低于持有成本》（Yields below Carrying Charges）的文章。作者担心股息收益低于借入资金炒股的利息成本。另一篇文章谈到了资本利得税对股价的影响问题，并且认为资本利得税阻碍了股票发售，但刺激了股价上涨。6月1日那一期的《华尔街杂志》也刊文表示了对股价与收益关系的担心：

"根据一个公认的经验衡量方法,股票的公允市场价值通常位于每股收益能力的 10～15 倍,具体取决于公司的特点。这种经验衡量方法由于环境因素而处于相对无用的状态。如今的市场评估,是根据各种现有比率来进行判断,因此受环境因素的影响要少许多。"[17]

1929 年 10 月 19 日的《华尔街杂志》刊登了几篇介绍值得关注的(基于颇有说服力的故事提出的)投资建议的文章。有一篇名为《投资零售业股票正当其时》(Opportune Time of Investment in Retail Store Stocks)的文章推荐了 5 家零售公司的股票。第二篇文章以马口铁罐头用途扩大为依据建议关注美国罐头公司(American Can Company)和大陆罐头公司(Continental Can Company)的股票。第三篇文章介绍了机器如何改变商业惯例的情况。这篇文章还附有一张商用机器照片和一张反映 5 家"商用机器"公司业绩的表格(见本书表 4.2;表 4.3 列示了 5 家商用机器股票的市盈率)。

表中 5 家商用机器公司的市盈率都比较高,但除了巴勒斯加数机公司(Burroughs Adding Machine Company)和兰明顿—兰德公司(Remington-Rand)的市盈率外,其他公司的市盈率对于这几家希望展示自己高增长率的公司来说并非高得惊人。同样,市盈率常常是用公司预期收入而不是用最近几年的公司收益计算的。

国际商用机器公司(IBM)的收益在 1927～1928 年增长了 10%,而在 1928～1929 年预计还能增长 20%。用这些增长率不难证明 27.2 倍的市盈率是合理的。1927 年,国际商用机器公司的股票最低卖到 53 美元,但即使在 1929 年的前 9 个月里,这家公司的股票也能卖到 150 美元(14.2 倍的市盈率)。1987 年,国际商用机器公司的每股收益是 8.72 美元,它的股票在 1986 年每股最低卖到 119.25 美元(13.7 倍的市盈率),而最高卖到 161.88 美元(18.6 倍的市盈率)。

表 4.2 列示的股息收益低于 6%~10% 的通知贷款利率,但同日工业债券到期收益率在 5%~7%(1929 年已经出现了"垃圾"债券,但当时流行另一个名称"投机"债券)。如果有人想赚到高于普通股的股息收益,那么就可购买收益率在 5.6%~8% 的工业优先股。国际纸业公司(International Paper)的优先股能达到 8% 的收益率高点,因为它收益成本比(earning coverage)相对较低。有些投资者注重基本面,但是,优先股的收益率低于通知贷款成本,因此,举债融资投资优先股不可能盈利。

表 4.2　　　　美国主要商用机器公司业绩数据

	1927年普通股每股收益	1928年普通股每股收益	1929年(半年)普通股每股收益	派息额	最新价格	收益率(%)	点评
巴勒斯加数机公司	9.00 美元	8.23 美元	1.05 美元	0.80 美元	94 美元	0.8	按本期收益计,股价偏高,但长期持有仍算合理
国际商用机器公司	7.67 美元	8.83 美元	5.29 美元	5.00 美元	240 美元	21	从投资的角度看是一只绩优股,等创新高后清仓获利
国家收银机公司(National Cash Register Corp.)	4.70 美元	5.21 美元	3.70 美元	4.00 美元	125 美元	3.2	近期价格上涨,长期看好、走势强劲
兰明顿—兰德公司	1.17 美元	1.13 美元	0.80 美元	—	53 美元	—	在克服了合并造成的麻烦以后,公司目前取得了很好的发展,是这个板块最有吸引力的股票之一
安德伍德—艾略特·费雪公司(Underwood-Elliot Fisher Company)	5.38 美元	6.15 美元	4.57 美元	4.00 美元	170 美元	24	收益能力持续提升,长期投资评级优良

资料来源:根据 1929 年 10 月 19 日《华尔街杂志》上的相关表格改编。

表 4.3　美国主要商用机器公司股票市盈率

1928年收益额(美元)	最新价格(美元)	公司名称	用1928年收益计算的市盈率
8.28	470	巴勒斯加数机公司	56.8
8.83	240	国际商用机器公司	27.2
5.21	125	国家收银机公司	24.0
1.15	53	兰明顿—兰德公司	46.1
6.15	170	安德伍德—艾略特·费雪公司	27.6

注：我们假设巴勒斯加数机公司股票分割后的最新价格是94美元；未分割前的价格是470美元。

我们来看看美国无线电公司(Radio Corporation of America, RCA)普通股的变化情况。如本书表4.4所示，美国无线电公司的普通股看上去就像股价大起大落的一个极端例子。

表 4.4　　　美国无线电公司普通股年波动范围(美元)

年　度	最高价	最低价
1924	66.875	42.125
1925	77.875	39.25
1926	61.625	32
1927	101	41.125
1928	402	81.25

资料来源：R. Sobel, *The Great Bull Market：Wall Street in the 1920's* (New York：Norton, 1968), p. 39。

这只股票的价格从1924年的42.125美元上涨到了1928年的420美元，几乎大涨了9倍。现在，我们来看看这只股票当时的情况:美国无线电 1925 年每股收益为 1.32 美元,而以每股收益 59 倍的价格出售;1928 年的每股收益为 15.98 美元(比 1925 年差不多增加了 11 倍),但仅以每股收益 26 倍的价格出售。鉴于这只股票过去的收益增长率,该公司的未来发展前景又难以预测,因此很难断定 420 美元的卖出价在 1928 年对于这只股票就是一个不合理的价格。从过去的情况看,在 1929 年,我们有理由认为,这只股票的收益在未来会大幅增加。1928 年 420 美元的卖出价并非毫无根据。但不管怎样,美国无线电在 1929 年 10 月 25 日报收于 60.25 美元(卖出价),而这只股票 1929 年的最低价是 26 美元,这一年年底收盘价是 44 美元。

根据 1929 年 5 月这一期的《纽约国民城市银行简报》,被调查公司 1929 年第 1 季度的收益表表明这些公司 1929 年第 1 季度的收益比 1928 年第 1 季度增长了 31%。纽约国民城市银行这年 8 月的简报显示,有 650 家公司 1929 年上半年的收益比 1928 年同期增加了 24.4%,9 月有 9 家公司的收益增加了 27.4%。然而,就连纽约国民城市银行也认为市场投机过度,"经济发展速度暂时减慢,虽然导致了令投机情绪降温的影响,但应该为经济持续健康发展所必需"。[18]纽约国民城市银行 11 月份的简报把 10 月份的股价下跌说成"股票投机造成的崩盘"。据称,1929 年第 3 季度有 638 家公司的收益比 1928 年增加了 14.1%。纽约国民城市银行 1930 年 3 月的简报显示,有 1 509 家公司 1929 年的收益比 1928 年增加了 13.5%。有一个结论性的证据可以证明,1929 年 9 月底和 10 月中旬经济活动的总体水平和报告利润一派大好(本章附录 1 列示了纽约国民城市银行两次收益调查的详细结果)。

巴里·威格莫尔(Barrie Wigmore)对135家公司的财务数据进行了分析[19]，并且发现这135家公司1929年用最高价计算的市盈率是29.8倍，而用最低价计算的市盈率是12.4倍。用相当于年底账面价值百分比表示的市场价格最高价是420%，而最低价是181%。但不管怎样，这些公司(用年底账面价值计算得到)的股权收益率是1.65%；用最高价计算的股息收益率是2.96%，而用最低价计算的股息收益率则是5.90%；派息率是66%。就威格莫尔的研究样本而言，1929年的收盘价相当于1929年最高价的59%。

据威格莫尔计算，纽约证券交易所全部上市股票在1929年9月1日的总市值为821亿美元。[20]如果把优先股也包括在内，那么纽约证券交易所1929年9月1日的总市值就是897亿美元。虽然纽约证券交易所会员券商的借款从1927年1月1日的33亿美元增加到了1929年10月1日的85亿美元，但交易所会员券商借款占交易所上市股票总市值的比例仅仅从8.6%增加到了9.8%，而且这是截至1929年12月31日的3年期最高的会员券商借款占上市股票总市值的比例。[21]

1929年5月24日那一期的《华尔街杂志》刊登了一篇名为《农村电气化这个尚未开发利用的未来发展"宝库"》(Untapped Reservoir of Future Expansion in Rural Electrification)的文章。据这篇文章的作者估计，630万个农场的电气化需要80亿美元的基本建设投资，农场主还要花120亿美元购买设备，因此发展潜力巨大。这一期的《华尔街杂志》还刊登其他文章介绍了美国南方和远西部(洛杉矶至太平洋沿岸地区。——译者注)地区的发展机会;还有一篇报道列举了一些"处于有利收益状况的股票"。

1929年10月1日那一期的《福布斯》刊登了一篇大标题为《铁路收益又创新高:提高运营效率,为争取铁路史上最好的收益率而努力》(Rail Earnings Break Records, Improvements, Operating Efficiency Responsible for Best Returns in Railroad History)的文章。

这篇文章的第一段是这样写的:"现在看来可以肯定,1929年整个铁路业全年实现了自1916年以来最高的资产投资收益率,而且每股平均净收益也高于以往。"[22]

一些财经杂志从1929年1月到10月连篇累牍地报道美国不同凡响的经济业绩。《华尔街杂志》的特约撰稿人E. K. 伯格(E. K. Burger)和A. M. 莱茵巴克(A. M. Leinbach)在1929年6月写道:"到现在为止,今年的经济形势甚至令常年的乐观派也感到惊讶不已。"[23]

以下国民生产总值数据反映了1929年美国经济的健康状况。虽然这些国民生产总值数据都是基于假设和不完全信息估计的数值,但表4.5试图提供一些反映美国经济健康状况的信息。1929年,实际国民生产总值继续以一种健康的方式增长。1929年第3季度,实际国民生产总值仍以3.236 9%的速度在增长。

表4.5　　　　　　1925~1929年美国国民生产总值

年　度	名义国民生产总值	实际国民生产总值 (1972年的美元)
1925	93.30	276.03
1926	97.17	291.81
1927	95.01	293.27

续表

年　度	名义国民生产总值	实际国民生产总值（1972年的美元）
1928	97.17	296.22
1929	103.42	315.69

资料来源：N. S. Balke and R. J. Gordon, "Historical Data," in *The American Business Cycle* (Chicago: University of Chicago Press, 1986), p. 782。

只有住房和非住房建筑业在1929年第3季度显示出经济疲软的迹象(见表4.6)，所有其他生产率数据都显示了美国经济强劲的增长势头。其实，1929年全年总产量数据都很有说服力(见表4.7)。

表 4.6　　　　　　　　　　　基建投资支出

季　度	生产者耐用设备（1972年美元）	非住房建筑	住房建筑	耐用品	非耐用品
1928年第一季度	14.06	19.06	16.66	19.14	189.52
第二季度	14.55	20.11	16.91	19.29	187.62
第三季度	15.24	19.51	15.55	20.05	192.72
第四季度	16.31	20.27	14.79	21.19	195.45
1929年第一季度	16.47	23.04	15.04	21.58	194.56
第二季度	16.79	23.08	14.73	21.16	193.40
第三季度	17.40	20.87	12.82	21.35	196.20
第四季度	15.52	19.71	9.50	19.56	192.23

资料来源：N. S. Balke and R. J. Gordon, "Historical Data," in *The American Business Cycle* (Chicago: University of Chicago Press, 1986), pp. 810—823。

表 4.7　1929 年制造业总产值(指数)

1 月	13.526
6 月	14.097
7 月	14.187
8 月	14.048
9 月	13.827
10 月	13.812
11 月	13.219
12 月	13.585

资料来源：N. S. Balke and R. J. Gordon, "Historical Data," in *The American Business Cycle* (Chicago: University of Chicago Press, 1986), pp. 842—843。

在 1929 年 10 月前的各月份里，实体经济几乎没有显示严重疲软的迹象。

总之，有大量的证据表明，从上市公司的实际财务和经营状况来看，1929 年纽约股市的价格并没有高得离谱。然而，当时一些著名的经济学家纷纷表示，1929 年秋天投资普通股还是很上算的。上市公司的常规财务报告证明了对公司本期收益乐观的理由，普通股的市盈率、派息额和股息收益变动状况以及公司收益变动状况都证明了乐观地看待股价的理由。

市场价位的数据证明

1929 年 10 月 19 日出版的《华尔街杂志》报告了 5%～6% 的公用事业债券平均收益率以及 6%～7% 的公用事业优先股平均收益

率。1929年9月底,美国财政部债券收益率是3.7%。[24]我们可以不无理由地估计权益资本的成本是8%。1929年的股息支付率接近0.7。根据股息折算现金流的基本模型,并且假设股息增长率保持不变,那么,我们就有:

$$P=\frac{D}{k-g}=\frac{(1-b)E}{k-g}$$

或者:

$$\frac{P}{E}=\frac{1-b}{k-g}$$

式中:

P 表示基于 b、k 和 g 值的预期每股价格;

E 表示每股收益;

P/E 表示预期市盈率;

D 表示每股派息额;

k 表示普通股市场(必要回报)折现率;

g 表示股息预期增长率;

b 表示收益留存率;

$(1-b)$ 表示派息率。

如果$(1-b)=0.7$,$k=0.08$ 和 $\frac{P}{E}=16$,那么我们就可解得隐含股息增长率:

$$\frac{P}{E}=\frac{1-b}{k-g}=16=\frac{0.7}{0.08-g}, g=0.03625$$

16倍的市盈率意味着市场预期只有3.6%的股息增长率。《纽约国民城市银行简报》报告了1927~1928年14.8%的股息增长率和

1929年前9个月高达20.3%的股息增长率。根据以上这些假设,很容易证明16倍的市盈率是合理的。虽然任何长期股息增长率的假设都是极端假设,但计算结果说明,一种相对于折现率而言的股息高增长率假设能够证明高市盈率的合理性。

如果我们假设市场要求10%的权益资本回报率,那么必要的股息增长率就变成了:

$$16 = \frac{0.7}{0.10 - g}$$

$$g = 0.056\ 25$$

鉴于美国工业在1926~1929年间取得的业绩,这个结果在合理假设的区间内也能成立。事实上,当时有充分的理由可以预期:1929年秋天收益、股息和股票价值都能实现相当可观的增长。更加复杂的模型(如二阶段增长模型或者各年增长率不同的模型)也能模拟得出相同量级的市盈率。例如,如果我们假设前5年的增长率是15%,然后一直是3%,那么,本章附录3显示,在折现率是8%的情况下,23.98倍的市盈率是可以实现的;且市盈率对折现率和增长率假设十分敏感。

股市被高估的结论主要基于股价已经大幅上涨,但忽略了实际价值指标(收益和股息)也同样大幅上涨这一事实。希望终止"投机"和"打压纽约投机者"的意愿蒙住了很多观察人士的眼睛,导致他们对这样一个事实视而不见:由于可以合理预期收益和股息高增长,因此,1929年的股票价值是可以通过合理的经济分析来证明的。

下面,我们对1929年与1987年进行比较。1985年的股息支付率是68%。[25] A级公用事业债券的收益率是10%,而公用事业普通股的市盈率是 20 倍。如果我们假设权益资本成本是 14％，那么，隐含股息增长率就是：

$$20 = \frac{0.68}{0.14 - g}$$

$$g = 0.106$$

公用事业税后利润从 1984 年的 1 460 亿美元实际减少到了 1986 年的 1 270 亿美元，所以几乎没有理由预期 1987 年的利润会有大幅增长。因此，推定 1987 年股市价位太高，比推定 1929 年股市价位太高要容易许多。

股票价格与价值分析

如果以 1926 年 1 月的总收益指数为 1，那么，1929 年 8 月底的总收益指数就是 2.485。[26] 因此，在从 1925 年到 1929 年的 4 年里，投在股票上的资金翻了一番以上（并且在 1929 年 9 月 3 日达到了峰值）。总收益指数在 4 年里从 1.000 上涨到了 2.485，年增长率为 25.60％。指数值从 1928 年的 1.908 上涨到 1 年后的 2.485，年收益增长率就是 30.20％。这个年收益增长率虽然很高，但并不能与本章表 4.8 所列示的数据比较。

表 4.8　　　　纽约证券交易所若干股票价格上涨状况比较

股票名称	1928 年 3 月 3 日开盘价	1929 年 9 月 3 日最高价	18 个月上涨百分比
美国电话电报	179.5 美元	335.625 美元	87.0
伯利恒钢铁	56.875 美元	140.375 美元	146.8
通用电气	128.75 美元	396.25 美元	207.8

续表

股票名称	1928年3月3日开盘价	1929年9月3日最高价	18个月上涨百分比
蒙哥马利·沃德	132.75美元	466.5美元	251.2
国民收银机	50.75美元	127.5美元	151.2
美国无线电	94.5美元	505美元	434.5

注:最高价格根据1928年3月31日股票分割和除权进行了调整。

表4.8显示了股票价格的大幅上涨,但平均指标值表明,这个考察期的股价并不典型,而是表现相对较不寻常的股票价值增长快于价格上涨。

伯顿·G.马尔基尔(Burton G. Malkiel)明确接受了"股市疯了"的假设:"市场条件并不更加有利于投机狂热……但不管怎样,1928年初,投机加速推高股价,大大超过了可支撑水平。"虽然历史证明这些表述都是正确的,但除了股票价格自身以外,很难找到证据可以证明市场处于太高价位。因此,为了证明自己的观点,马尔基尔表示:"从1928年3月初到1929年9月初,纽约股市股价的百分比上涨率相当于1923~1928年初这个时期的股价上涨率,主要工业公司股票的价格日涨幅有时达到了10%甚至15%。"[27]

让我们来看看马尔基尔作为例子比较详细地介绍的美国电话电报公司(American Telephone & Telegraph)。1929年,美国电话电报公司实现了每股13.96美元的收益,因此按1929年(最高价335.625美元/13.96美元=)24倍市盈率的价格出售。该公司共有469 801个股东。在过去的5年里,该公司的资产和收益按9.9%的年率增长。[28]这只股票每股派息9美元,股息收益率是0.027(用最高价计算:9美元/335.625美元)。股息支付率是(相当于收益的)0.64。

每股13.96美元的收益没有包括尚未合并的西屋电气公司(Western Electric)每股0.25美元的收益,因此,理性的分析者能够正确地推定美国电话电报公司的每股收益是14.21美元。该公司预计未来4年将增加40%的厂房建设投资。

J. B. 威廉姆斯(J. B. Williams)表示,"1929年繁荣时期的投机者已经因西屋电气公司这家为美国电话电报公司生产大部分设备的全资子公司的创造力而变得非常兴奋,因为这家子公司与音响效果科研人员已经对一种有声电影设备进行了改进"。请注意"投机者"这个贬义词的使用。随后,威廉姆斯又表示,"冷静的投资者"可能会明白这项发明较之于美国电话电报公司常规业务而言的相对次要性。

威廉姆斯正确地指出"根据相同的数据,不同的投资分析师对美国电话电报公司的股票做出了不同的评价",随后又提出了以下假设,并且断定美国电话电报公司的股价被定得太高:[29]

(1)已投资产收益率仍将保持现有水平不变;

(2)股票—债券比仍将保持现有水平不变;

(3)增长率仍将保持现有水平不变;

(4)美国电话电报公司的增长势头将在10年后结束;

(5)到时候,也就是10年后,美国电话电报公司的股票将按账面价值出售;

(6)在这10年里,投资者将获得相当于买入价6%的股息或者增值。

由于美国电话电报公司的净资产收益率是9.04%,股票净值收益率是10.61%,因此,6%的投资回报率估计值以及"10年后该公司将停止增长,股票将按账面价值出售"的假设都比较保守。这并不是说威廉姆斯的假设有错,而是其他假设条件同样有效,并且导致了不同的评价。譬如说,如果我们假设美国电话电报公司的新股权资本能够实现 10.61% 的收益率,留存 36% 的收益,并且保持(0.36×0.106 1＝)3.8% 的增长率,那么,根据威廉姆斯采用一个股息估值常规模型确定的 6% 的折现率,我们就能获得:

$$P = \frac{股息}{折现率-增长率} = \frac{9}{0.06-0.038} = 409(美元)$$

这并不是说这种计算方法优于威廉姆斯的计算方法,只不过是说明,如果采用适当的折现率和增长率假设,那么,美国电话电报公司股票 335 美元的市场价格是有可能出现的。1929 年,美国有 1 900 万部在用电话,大多数电话中心局仍采用人工电话交换设备,而不是机器电话交换设备。因此,美国电话电报公司仍能实现业务增长。

威廉姆斯对美国电话电报公司进行了研究,并且断定该公司的股票价格在 1929 年和 1930 年被定得太高。但是,这个结论是在 1929～1930 年股市崩盘 8 年后得出的,而且这个结论是基于一个关于美国电话电报公司增长状况和未来估值的特定假设集做出的。虽然威廉姆斯的假设是说得通的,但从基本事实看,威廉姆斯所做的各种假设并不是仅有的可行假设。请别忘记,美国电话电报公司的市盈率(超过 20 倍)相对于纽约股市的平均市盈率而言是非常高的。

我们极难找到能够证明 1929 年 9 月和 10 月纽约股市价格不能用实体经济表现来解释的证据。

1934 年,B. 格雷汉姆和 D. L. 多德(B. Graham and D. L. Dodd)也坚持认为,1927～1933 年这个时期应该被更多地视为一种"类似于南海泡沫事件的经济现象和其他孤立的不正常的投机疯狂事件,而不是所谓的典型未来投机周期的表征"。[30]他俩也没有提供股价被高估的证据。

下面,我们来看看美国钢铁公司普通股的情况。

根据本章表4.9,美国钢铁公司普通股的价格从1925年到1929年上涨了1倍以上;同期,每股收益从9.20美元增加到了21.20美元;尽管股价创出新高,但市盈率从1925年的9.8倍略微下降到了1929年的9.7倍。威廉姆斯表示,1929年美国钢铁未执行订单分别多于1928年、1927年和1926年。[31]新的预订订单也很有说服力。1929年产能使用率达到了86.3%,而1928年和1927年的产能使用率分别只有81.5%和77.4%。1929年,美国工业的总体产能使用率也达到了87.0%。因此,我们可以说,1929年是美国钢铁工业的一个好年份。

表4.9 美国钢铁公司普通股

年 度	平均股价	每股收益	市盈率
1925	90美元*	9.2美元*	9.8
1926	99美元*	12.9美元*	7.7
1927	144美元*	8.8美元*	16.4
1928	153美元*	12.5美元*	12.2
1929	206美元*	21.2美元	9.7

* 按40%的股息收益率调整。

资料来源:B. Graham and D. L. Dodd, *Security Analysis* (New York: McGraw-Hill, 1934), p. 615.

在宾夕法尼亚铁路公司的例子中(见表4.10),我们看到了股价上涨。不过,股价上涨在很大程度上反映了收益增加。市盈率从7.9

倍上涨到了 10.4 倍；1929 年每股收益增加了 20%，而 1928 年只增加 7.5%。

表 4.10　宾夕法尼亚铁路公司普通股

年　度	平均股价	每股收益	市盈率
1925	49 美元	6.23 美元	7.9
1926	53 美元	6.77 美元	7.8
1927	63 美元	6.83 美元	9.2
1928	69 美元	7.34 美元	9.4
1929	92 美元	8.82 美元	10.4

资料来源：B. Graham and D. L. Dodd, *Security Analysis* (New York: McGraw-Hill, 1934), p. 310.

显然，有人可能也发现了股价上涨与收益增加不匹配的问题，但事实是：1925～1929 年，公司总收益实际有所增加；考察期内股价上涨总的来说可用相应的收益增加来解释。

那么，未来实体经济能不能像在过去那样继续支持公司利润和股息增加呢？历史地看，我们知道，公司利润和股票股息不可能持续增加。但在 1929 年秋天，我们有充分的理由认为，实体经济能够继续走强，而公司利润还会增加。就像威廉姆斯指出的那样，"当时很多投资专家把 1929 年的崩盘看作'一次技术性回调'，因为实体经济被认为'基本健康'。即使在职业经济学家中间，也只有少数几人真的认为当时起作用的因素会导致一般物价水平通缩，并且会导致史上最严重的经济萧条"。[32]

施金的研究

杰拉德·施金(Gerald Sirkin)运用一个假设企业在有限的时间内以很快的速度增长,然后一直按正常速度增长的二阶段模型进行了模拟。[33]他把1929年道琼斯工业股平均指数成分股作为自己的研究样本。1929年他的研究样本的市盈率从11.3倍[美国糖业(American Sugar)]到65.2倍[北美公司(North American Corporation)]不等,平均数是24.3,中位数是20.4。[34]施金在研究中采用了每家样本公司股票的最高价和1929年的每股收益数据。

然后,施金把5年每股收益增长的公司分为一组,并且拿它们的实际每股收益增长率与为支撑24.3倍平均市盈率所必需的每股收益增长率进行了比较。最后,他得出结论:"如果他计算得出的分布大致符合实际,就说明并不普遍存在明显无根据的投机,只有很小比例的股票存在明显毫无根据的投机炒作。"[35]

施金并没有说能够用股息增长模型来证明1929年的全部高股价,而是说"市盈率峰值分布与根据短期快速增长假设计算的市盈率分布的比较显示,股价明显被高估的情况并不普遍,而是集中在部分股票——1/5的样本股票附近——上"。[36]同时,他也承认,如果采用预期高增长时期增长假设,那么,他也许就能证明1929年更多高股价的合理性。

生产与就业

表 4.11 显示,工业生产在 1929 年 10 月之前一直表现良好,在 10 月以后出现了明显下滑。一般商品价格从 1922 年起一直保持稳定,而农产品价格甚至有所上涨(虽然在 1920~1921 年有所下降)。

表 4.11　　工业生产、就业、铁路货运积载量和商品价格

年度和月份	工业生产 总产值 (未调整)	工业生产 制造业产值 (未调整)	建筑合同签订数 (未调整)	工厂就业人数 (未调整)	工厂工资额 (未调整)	铁路货运总积载量 (未调整)	商品价格 所有商品	商品价格 农产品
1919 年	83	84	64	107	98	84	139	158
1920 年	87	87	63	108	118	91	154	151
1921 年	67	67	57	82	77	79	98	88
1922 年	85	87	81	90	81	86	97	94
1923 年	101	101	84	104	103	100	101	99
1924 年	95	94	95	96	96	98	98	100
1925 年	104	105	122	100	101	103	104	110
1926 年	108	108	130	101	104	107	100	100
1927 年	106	106	128	99	102	103	95	99
1928 年	111	111	135	97	102	103	98	106
1929 年	118	119	117	100	107	106	97	105
1929 年								
1 月	116	116	100	97	101	95	97	106
2 月	120	120	88	100	108	99	97	105
3 月	121	125	118	101	111	98	98	107
4 月	124	127	156	102	111	102	97	105
5 月	125	127	143	102	111	110	96	102
6 月	125	126	133	101	109	109	96	103
7 月	119	119	159	101	105	111	98	108

续表

年度和月份	工业生产 总产值（未调整）	工业生产 制造业产值（未调整）	建筑合同签订数（未调整）	工厂就业人数（未调整）	工厂工资额（未调整）	铁路货运总积载量（未调整）	商品价格 所有商品	商品价格 农产品
8月	121	121	119	102	109	114	98	107
9月	123	122	108	103	111	121	98	107
10月	120	119	109	102	110	118	96	104

注：1923～1925年平均指数为100。表中的"未调整"是指未就季节性变化进行调整。

资料来源：根据 The Federal Reserve Bulletin(Aug. 1990)第494页上的表格改编。

在1929年10月以前，美国工业的就业人数和工资额表现良好。我们在看表4.11时不难猜测1929年9月和10月投资者也能得到这些有关经济的乐观数据。表4.12显示，美国在1921～1929年间迎来了真正的经济繁荣。

表4.12　　　　　1921～1929年美国经济增长状况

年度	工业生产	商品批发价格	国民收入（亿美元）	人均收入（1929年的美元）
1921	58	97.6	594	522
1922	73	96.7	607	553
1923	88	100.6	716	634
1924	82	98.1	721	633
1925	90	103.5	760	644
1926	96	100.0	816	678
1927	95	95.4	801	674
1928	99	96.7	817	676

续表

年　度	工业生产	商品批发价格	国民收入(亿美元)	人均收入(1929年的美元)
1929	110	95.3	872	716

资料来源：关于工业生产和商品批发价格的数据，请参阅 The Federal Reserve Bulletin, Oct. 1945, p. 1049。关于国民收入和人均实际收入数据，请参阅 Simon Kuznets, *National Income and Its Composition*, 1919～1938(New York: National Bureau of Economic Research, 1941), pp. 137, 153。本表根据索尔(Soule)的《繁荣的十年》(*Prosperity Decade*)第108页上的表格改编，索尔注明了以上2个资料来源。

1925～1929年股价非同寻常的上涨可用美国实体经济和股价上涨公司非同寻常的业绩表现来解释。消息相当灵通但保守的投资者能够找到充分的理由在1929年9月买进普通股。"华尔街只有很少的人看跌市场，而高校看跌市场的人就更少。"[37] 只是在股市崩盘以后，学者们才开始十分"内行"地预测股市崩盘的必然性。股市崩盘并非在所难免，消息最灵通的观察人士认为经济繁荣甚至还会进一步推高股票价格。

附录1

下列各表列示了1926～1929年美国不同行业企业的收益状况。第一张表格列示了1929年3月分析人士可获得的数据。请注意1927～1928年间出现了股价大涨。第二张表格列示了1929年秋天分析人士可获得的数据。尽管1928年是一个很高的比较基准，但1929年的收益状况甚至更好。这些都是造成市场乐观情绪的原因。

附表1　　　　美国不同行业企业收益状况(净利润)

企业家数	行业	1927年(美元)	1928年(美元)	变动百分比(1927～1928年)
7	农具	17 662	22 063	+24.9
8	娱乐	27 296	36 209	+32.7
23	服装等	18 499	18 595	+0.5
12	汽车	294 377	348 612	+18.4
24	汽车配件	22 689	41 800	+84.2
3	航空	1 218	2 161	+77.5
25	建筑材料	39 636	37 347	−5.8
36	化学	104 639	141 414	+35.1
11	煤炭开采	7 678	7 773	+1.2
7	铜矿开采	22 853	51 325	+125
19	纺织	9 276	2 003	−78.1
9	电力设备	10 759	27 096	+152
13	面包面粉	68 187	73 024	+7.1
24	食品—杂货	67 178	80 225	+19.4
9	水暖设备	11 091	13 357	+20.4
8	家电设备	22 648	24 036	+6.1
29	钢铁	157 530	210 403	+33.5
9	皮革和制鞋	30 528	26 162	−14.3
6	木材和家具	4 225	4 531	+7.2
27	机器制造	26 310	29 648	+12.7
7	袋装速冻食品	16 194	32 282	+99.2
33	商业	135 798	150 583	+10.0

续表

企业家数	行业	1927年(美元)	1928年(美元)	变动百分比(1927~1928年)
14	有色金属(铜除外)	25 894	28 015	+8.2
6	办公设备	7 345	8 032	+9.4
7	纸制品	6 975	7 792	+11.7
32	石油	63 192	123 988	+96.2
10	出版印刷	5 729	7 324	+27.9
10	铁路设备	16 823	13 080	−22.2
14	橡胶制品	49 145	27 189	−44.7
9	船运等	8 970	7 748	−13.1
8	丝绸	6 288	4 713	−25.2
13	糖业	10 901	5 488	−49.2
12	纺织品—杂货	13 806	5 488	−49.8
16	烟草	77 957	80 301	+3.0
2	毛织品	43*	238	+−−
20	杂货	36 649	47 848	+30.5
527	制造和贸易	1 445 702	1 758 250	+21.6
135	铁路运输	1 085 917	1 193 134	+9.9
63	电话电报	233 435	255 265	+9.4
95	其他公用事业	775 177	857 400	+10.6
820	总计	3 540 231	4 064 040	+14.8

* 表示赤字。

资料来源:根据 The Federal Reserve Bulletin(March. 1929)第35页上的表格改编。

附表2　　　　　　　美国不同行业企业收益状况

企业家数	行　业	第3季度(美元) 1928年	1929年	变动百分比	前9个月(美元) 1928年	1929年	变动百分比
5	娱乐	4 347	8 715	+100.2	12 399	20 516	+65.5
2	服装	184	124	−32.6	533	732	+37.3
16	汽车	111 127	90 853	−18.2	327 484	318 981	−2.6
20	汽车配件	12 332	11 019	−6.5	33 721	49 070	+45.5
10	建筑材料	9 279	8 928	−3.8	21 803	25 503	+16.9
11	商用设备	4 081	4 890	+19.9	10 150	13 554	+33.5
17	化学和药品	38 578	43 137	+11.8	101 399	120 980	+19.3
6	煤炭	1 293	1 761	+36.2	3 481	4 666	+34.0
12	电气	6 033	8 223	+36.3	21 382	28 055	+31.2
6	面粉和面包	6 033	8 223	+36.3	21 382	28 055	+31.2
17	食品	24 971	30 812	+23.4	68 990	77 136	+11.8
16	居家用品	10 444	11 216	+7.4	26 505	30 265	+14.1
23	钢铁	54 726	93 204	+70.3	138 983	265 394	+91.0
2	皮革制品	618	245	−60.6	3 727	D−1 821	− − −
12	机器制造	5 554	6 775	+21.9	14 797	20 096	+35.8
8	商业	4 656	4 999	+7.3	13 605	15 466	+13.7
14	金属矿业	6 904	9 125	+32.2	21 400	30 476	+42.4
5	纸制品	1 237	1 787	+44.4	3 802	4 139	+8.3
19	石油	39 101	46 772	+19.6	79 963	117 068	+46.4
5	出版印刷	6 464	7 060	+9.2	20 873	23 543	+12.7
3	铁路设备	8 489	9 491	+11.8	18 507	22 151	+19.6
5	房地产	803	1 109	+38.0	2 750	5 495	+100.0
5	餐饮连锁	180	1 061	+− − −	3 021	3 698	+22.4
2	船运	976	1 928	+97.6	1 441	4 044	+180.0
5	纺织品	3 120	3 107	−0.4	3 288	3 982	+21.1
5	烟草	2 933	3 186	+8.6	7 042	8 265	+17.4
21	杂货	7 826	9 851	+25.0	20 181	26 308	+30.4
272	制造和贸易	389 398	450 645	+15.7	1 039 655	1 315 983	+26.7

续表

企业家数	行 业	第3季度(美元) 1928年	1929年	变动百分比	前9个月(美元) 1928年	1929年	变动百分比
132	铁路运输	357 830	398 901	+11.5	819 855	962 248	+17.4
89	电话电报	62 258	69 516	+9.9	199 208	214 649	+7.8
95	其他公用事业	190 803	223 240	+17.0	621 216	730 740	+17.5
638	总计	1 001 244	1 142 302	+14.1	2 679 934	3 223 620	+20.3

注：已公布报告净利润摘要包括1928年以及1929年第3季度和前9个月的数据。D表示赤字。

资料来源：根据 The Federal Reserve Bulletin(Nov. 1929)第154页上的表格改编。

附录2

附录2中的4张表格根据美国参议院银行与货币委员会听证会"股市研究"(Stock Market Study)报告(Washinton, D. C.: U. S. Government Printing Office, 1955)第40、41、110和111页上的表格改编。股市研究报告表格中的信息由纽约证券交易所总裁G. 基斯·芬斯顿(G. Keith Funston)于1955年提供。

附表3　　　　　　　　两个股市指数

年 份	标准普尔成分指数(1935~1939年为100)	道琼斯工业股平均指数
1922	71.5	91.0
1923	72.9	95.6
1924	76.9	104.4
1925	94.8	137.2

续表

年份	标准普尔成分指数(1935～1939年为100)	道琼斯工业股平均指数
1926	105.6	150.9
1927	124.9	177.6
1928	158.3	245.6
1929	200.9	290.0

附表4　　　　1922～1929年股票与债券收益率(%)

年份	股票收益率	债券收益率
1922	5.37	5.10
1923	5.40	5.12
1924	5.25	5.00
1925	4.75	4.88
1926	5.24	4.73
1927	4.72	4.57
1928	3.82	4.55
1929	3.84	4.73

注：按收益率计，比较是在穆迪125只工业股和穆迪公司Aaa级公司债券之间进行的。

附表5　　　　1922～1929年股票市盈率

年份	市盈率
1922	13.8倍
1923	9.3倍
1924	10.7倍
1925	8.9倍
1926	10.5倍

续表

年 份	市盈率
1927	13.5 倍
1928	14.2 倍
1929	16.3 倍

注：同时期穆迪工业股市盈率（年平均值）。

附表6　　普通股价值计量指标（1929年和1954年）

	月度平均值	
	1929年8月	1954年12月
标准普尔成分指数	230	265
标准普尔成分指数(不变价格)	191	129
市盈率(穆迪125工业股)	17.3	13.8
普通股收益率(穆迪125工业股)(%)	3.19	4.09
股票收益与(穆迪)债券收益百分比	60	133

附录3

二阶段股票价值计算法

假设某只股票的年收益是1美元，5年增长率是15%，而此后的永久增长率是3%。从时期0的0.70美元股息开始推导，时期1的股息是0.805美元，折现率是0.08：

$$第一阶段现值 = \sum_{i=1}^{5} 0.70 \times \left(\frac{1.15}{1.08}\right)^i = 0.70 \times \left(\frac{1.064\ 8}{0.064\ 8}\right)(1.064\ 8^5 - 1)$$

$$= 4.24(美元)$$

现维持 0.7 的股息支付率不变,并假设期 5 的收益是 $1(1.15)^5 =$ 2.011 4 美元,期 6 的收益是 2.011 4(1.03)=2.072 美元,而期 6 的股息是 1.45 美元:

$$第二阶段的现值 = \frac{1.45}{0.08 - 0.03} \times (1.08)^{-5}$$

$$= 29 \times (0.680\ 58) = 19.74(美元)$$

股票现值 = 4.24 + 19.74 = 23.98(美元)

注释:

1. R. G. Ibbotson and R. A. Sinquefield, *Stocks, Bonds, Bills and Inflation: The Past and the Future* (Financial Analysts Research Foundation, 1982)。本章的附录 2 大致求得了相同的相对量,但有一些具体取决于确切计算方法的差异。

2. 采用 1928~1932 年的变动幅度,我们就有:1.908-0.540/1.908=0.72。

3. J. K. Galbraith, *The Great Crash*, 1929(Boston:Houghton Mifflin, 1961), p.16, 29.

4. P. A. Samuelson, "Myths and Realities about the Crash and Depression," *Journal of Portfolio Management* (Fall 1979):9.

5. Ibid.

6. M. Friedman and A. J. Schwartz, *A Monetary History of the United States*, 1867-1960(Princeton:Princeton University Press, 1960), p.247.

7. Ibid., pp. 241-243.

8. I. Fisher, *The Stock Market Crash and After* (New York: Macmillan, 1930), p.89.

9. 费雪[《股市崩盘》(*Stock Market Crash*, p. 90)]——用颇有特点的幽默口吻——指出,3.4%的债券收益率乘以33倍的市盈率约等于1。

10. J. S. Lawrence,*Wall Street and Washington* (Princeton: Princeton University Press,1929),p.88.

11. *The Federal Reserve Bulletin*,Aug.1930,p.494.

12. J. W. Kendrick, *Productivity Trends in the United States* (Princeton: Princeton University Press,1961).

13. Kendrick's last period of study was 1948—1953.

14. Lawrence,*Wall Street and Washington*,pp.177,187.

15. Fisher,*Stock Market Crash*,p.91.

16. *Forbes*(Oct. 15,1929):95.

17. *The Magazine of Wall Street*,June 1,1929,p.197.

18. *The National City Bank of New York Newsletter*,Oct.1929,p.197.

19. Barrie A. Wigmore, *The Crash and Its Aftermath* (Westport: Greenwood,1985),p.572.

20. Ibid.,p. 641.

21. Ibid.,p.648.

22. *Forbes*(Oct. 1,1929):p. 77.

23. E. K. Burger and A. M. Leinbach, "Business," *The Magazine of Wall Street*,June 15,1929,p.289.

24. *The Federal Reserve Bulletin*,Oct.1929,p.665.

25. *The Federal Reserve Bulletin*,Sept. 1987,p.A—35.

26. Ibbotson Associates,*Stocks, Bonds, Bills and Inflation*: 1988 Yearbook

(Chicago：Ibbotson Associates, 1988), pp. 177, 162. 该指数根据 90 只大盘股数据计算得出(p. 27)。

27. Burton G. Malkiel, *A Random Walk Down Wall Street* (New York：Norton, 1975), pp. 37, 38.

28. J. B. Willams, The Theory of investment Value (Cambridge：Harvard University Press, 1938), p. 520. 威廉姆斯表示，1929 年这只股票达到了 310 美元的历史最高价(p. 520)。我们没有对马尔基尔和威廉姆斯估计值之间的差异进行调整，他们的估计值差异涉及这只股票的相关权利估值。

29. Ibid., pp. 516—517.

30. B. Graham and D. L. Dodd, *Security Analysis* (New York：McGraw-Hill, 1934), p. 6.

31. Williams, *Theory of Investment Value*, pp. 572—573.

32. Ibid., p. 512.

33. G. Sirkin, "The Stock Market of 1929 Revisited：A Note," *Business History Review* (Summer 1975)：223—231.

34. Ibid., p. 226.

35. Ibid., p. 230.

36. Ibid., p. 321.

37. R. Sobel, *Panic on Wall Street* (New York：Macmillan, 1968), p. 368.

5

美国无线电公司*

> 倘若能够持续利用，它就是一种从未有过的讨人喜欢的赚钱方式。
> ——约翰·肯尼斯·加尔布雷思《1929年大崩盘》

约翰·肯尼斯·加尔布雷思把美国无线电公司的股票说成是"从很多方面看都是当时股票投机的象征"。[1] B. G. 马尔基尔把这家公司的股票作为6只反映1928年和1929年间股价过度上涨、随后又大跌的股票之一。[2] 他表示，"美国无线电"的价格从1928年3月3日的94.50美元上涨到了1929年9月3日的505美元。在拆股（1股拆成5股）和派息以后，1929年9月3日，505美元的股价就变成了101美元。据马尔基尔介绍，后来，这只股票的价格在11月13日跌到了28美元的1929年最低价，后来又在1932年创出2.50美元的新低。[3]

在1929年过去三四十年后，我们很容易下结论说美国无线电公司的股票价格大幅上涨是投机的结果。但在1929年3月15日，《纽

---

* 本章主要参考了 F. W. 琼斯和 A. D. F. 洛(W. Jones and A. D. Lowe)的《证券市场中的"股市操纵"》[*Manipulation*, *in The Security Markets* (New York: Twentieth Century Fund, 1935), pp. 443—483]。

约每日新闻》(New York Daily News)报道称,"美国无线电"是一只每天都在创造历史的"奇迹股"。这家报纸表示,他们预期这只股票的价格还会上涨,而且下跌的风险很小。最后,该报断定"美国无线电"具有"值得买进的种种表现"。[4]

美国无线电公司创建于 1919 年 10 月,该公司宣称的总体目标就是立足美国,在美国与世界主要国家之间迅速发展一个迅捷、高效的商业无线电系统。该公司的第一个具体目标就是防止外国利益集团控制美国的无线电通信;第二个具体目标就是为确保在美国开展业务的跨洋海底电报公司保持高竞争力保驾护航;[5] 第三个虽然没有公开宣布但可以充分理解的目标就是赚取利润。

1924 年,美国无线电公司的年收益已经超过 950 万美元,1927 年达到了 1 180 万美元;而 1928 年的净收益更是翻了一番,达到了 2 370 万美元(1927 年的每股收益是 6.15 美元,而 1928 年的每股收益在 11.80 和 15.98 美元之间,具体要看数据来源)。1929 年 505 美元的最高价也只不过相当于 1928 年每股收益的 32 倍,但相当于 1929 年预计每股收益的倍数要少得多。

关于美国无线电公司的讨论因为以下这个事实而变得复杂:由 M. J. 米汉公司(M. J. Meehan and Company)[与 W. E. 哈顿和布洛克—马洛尼公司(W. E. Hutton and Block-Maloney Company)合作]组建的一只非常著名的基金在 1929 年 3 月 7 日宣布成立。[6] 这只基金的创始人中有一个比较值得关注的人物,她就是美国无线电公司总裁大卫·萨尔诺夫(D. Sarnoff)的妻子 D. 萨尔诺夫太太。1929 年 3 月 6 日,纽约一家报纸报道称,M. J. 米汉(M. J. Meehan)先生度假回来,他可能要用大量的资金来控制美国无线电公司的部分股票。"美国无线电"的价格就从 3 月 1 日的 81 美元上涨到了 3 月 9 日——集合基金开始运作前 1 天——的 93 美元。一些经验老到的投资者明白,这只集合基金可能就要开始运作了。这只集合基金于 3 月 30 日解散,但大部分交易是在 3 月 15 日闭市前完成的。从 3 月 12 日到 3 月 16 日,这只集合基金买进或卖出了 2 264 700 股"美国无线电"股票,而 3 月 16 日净做空 187 900 股。[7] 在这只集合基金存续期间,"美国无线电"的新股曾卖到 109.75 美元的高点,但随后就下跌到 80 美元的低点。[8] 这只集合基金炒作美国无线电公司盈利接近 500 万美元。投资者在这一个月里获得了 29% 的回报率,或者 348% 的年回报率(有些投资者的年回报率甚至更高)。由于新股价格在 1929 年 9 月 3 日达到了 101 美元的高点,因此,曾经从这只集合基金手中买进美国无线电股的买家未必就会赔钱。这只股票在 10 月股市崩盘后价格已经跌破 30 美元,因此,那些已经把股票卖给这只集合基金的投资者也不一定就赔钱。

  F. W. 琼斯和 A. D. 洛称赞媒体帮助了这只集合基金。他俩表示,没有证据能够证明集合基金经理人出钱收买了媒体,但媒体明显通过提醒公民在这只基金存续期内不要忘记它的存在,以有利于这只基金的方式影响了"美国无线电"的价格。[9] 我们并不清楚这只集合基金是否向媒体提供了关于美国无线电公司的故事,但事实就是在这只集合基金创建之前、存续期内和解散之后,美国无线电公司和它的股票就成了媒体大肆报道的对象。

  这只炒作"美国无线电"股票的基金在其短暂的存续期内大肆炒

卖这只股票。在它的存续期内,"美国无线电"股价大幅上涨,而媒体连篇累牍地报道关于美国无线电公司新产品开发和盈利的利好消息。该公司也公告了1928年的利润较之1927年大幅度增长。没有任何迹象表明,美国无线电公司的经济命运有可能发生逆转。

毫无疑问,利好消息报道对"美国无线电"的价格产生了有利影响,因而在1929年3月帮助了那只集合基金。不过,琼斯和洛没能发现任何可以证明基金经理人在新闻炒作方面扮演过什么角色的证据。他俩写道:"媒体重复不断地向广大股民描绘这家公司凭空想象出来的未来景象。"[10] 不过,就是根据这家公司的绩效,我们也很难断定有人会在1929年春季卖空"美国无线电"。美国无线电公司的前景看似一片光明,投资者有充分的理由买进它的股票。

虽然这只集合基金的行为和盈利值得关注,但对于"美国无线电"股票价格的基本分析来说未免有偏题之嫌。"美国无线电"股的价格在这只集合基金成立之前已经在涨,而且在这只基金解散后仍然继续上涨。

"的确,这是一个集合基金和银团业务——简而言之就是股价操纵活动——极其活跃的时期"。1929年,纽约证券交易所有100多只股票成为操纵对象,而且交易所会员或者他们的合伙人也参与了操纵交易。这种交易的性质多少有点不同,但在典型的操纵交易中,很多交易者会把资金合在一起炒作某只股票以推高它的价格。

"如果一切顺利,普通股民就会进场买入,股价自然会上涨。等股价上涨以后,基金经理人就会把手中的股票卖掉,从而获取一定百分比的利润,并且把部分利润分给基金投资人。"[11]

虽然 1929 年确实有很多集合基金在运作,但迄今并不清楚它们是否对股市总体价格水平产生了显著的影响,或者说,是不是它们的活动触发了股市崩盘。

1929 年 3 月的媒体

从 1929 年 3 月 1 日到 20 日,《纽约先驱论坛报》(*New York Herald Tribune*)、《华尔街日报》(*Wall Street Journal*)、《纽约时报》(*New York Times*)、《纽约环球报》(*New York World*)、《纽约晚报》(*New York Evening Journal*)和《纽约美国人报》(*New York American*)都报道了一条以上有关美国无线电公司的重大新闻。例如,《纽约时报》至少报道过 5 条有关这家公司的重大新闻,而《华尔街日报》至少报道过 6 条。在这个时期比较值得关注的相关新闻故事有:

(1)美国无线电公司传送彩色图片;

(2)美国无线电公司预期将迎来创纪录的一年;

(3)美国无线电公司销售额增长 50%;

(4)美国无线电公司公告:1928 年每股收益 11.80 美元,年度总收益 2 370 万美元(也有报道称,该公司 1928 年的每股收益是 15.96 美元和 15.98 美元);

(5)美国无线电公司:1928 年每股收益 15.98 美元,而 1927 年只有 6.15 美元;

(6)美国无线电公司:特许使用费收入翻了一番;

(7)美国无线电公司将在 4 天内提出、决定并完成与维克多

(Victor)公司合并方案；

(8)美国无线电公司有意进军电报业务领域；

(9)美国无线电公司开发出了新型功放器；

(10)美国无线电公司推出了改进型电视接收器；

(11)M. J. 米汉从佛罗里达度假回来，被认为有望对美国无线电公司股价产生值得期待的影响；

(12)西部联盟电报公司(Western Union)与美国无线电公司合并在即；

(13)一只新的集合基金正在推高"美国无线电"的价格；

(14)美国无线电公司还有尚未披露的计划；

(15)电视片有望在1个月后开始播放；

(16)美国无线电公司正在向航空业进军；

(17)美国无线电公司是(30个国家)国际通信领域的巨头；

(18)有传闻说"美国无线电公司普通股将提前派息"。[12]

《纽约先驱论坛报》(1929年3月17日)报道了一位单身母亲投资"美国无线电"股票的故事。这位单身母亲在5年前以每股20美元的价格买进40股"美国无线电"，到了1929年就能卖20 000美元，抚养她的2个儿子并供他俩读书。谁能有这种现成可用的好运来承受这样的副业收入？

以上列举的新闻标题充分说明当时报刊报道了很多有关美国无线电公司的新闻和小贴士式的花絮这一事实。仅用美国无线电公司不断增加的收入和收益(从1927年每股6.15美元增加到了1928年每股15.98美元)以及不断推出令人感兴趣的新产品，就足以说明该公司股票价格大涨的原因。美国无线电公司是快速成长的行业里一家令人振奋、利润丰厚的公司，它的收益从 1927 年到 1928 年就增加了 1 倍多，并且有很多新产品开发机会，这些足以让人期待这家公司在 1929 年又将迎来一个很好的年景。

炒作"美国无线电"的集合基金在 3 月的创立无疑增加了这只股票的很多交易。但迄今仍不清楚，这只基金的创立是否对 3 月以后或者 9 月的股价产生了显著的影响。

敏感的股市在 1929 年能够轻而易举地为"美国无线电"股创造高倍市盈率。1929 年"美国无线电"股的故事并不是股票疯狂投机的一个鲜明例子，属于一种合理的高涨情况，并且是"股价对外部变量(实体经济活跃和利率变动)变化非常敏感"的可预测结果。

我们必须对集合基金炒作"美国无线电"股的交易以及美国无线电公司基本经济特点进行区分。对于那些相信通信产业未来的人来说，"美国无线电"股是一个可靠并值得关注的投资对象。

集合基金是根据"如果能够提升一只股票的活跃程度，这只股票就会因买盘增加而价格上涨"的假设来进行操作的。这里有一个关键的假设，那就是集合基金能在股价跌破其买入价之前卖掉自己买入的股票，并且实现利润。集合基金要求被炒股票的其他交易者不能对基金操盘手改变这只股票仓位做出充分快的反应。这样，基金经理人才能出清基金掌握的股票。集合基金概念在经验老到的投资者中间的流行说明，以上所说的关键假设很可能能够成立，而媒体所做的宣传无疑有助于集合基金取得成功。

尽管集合基金进行了令人不安的炒作，但"美国无线电"这只股票从长期看还是有它合理的基本投资价值。鉴于美国无线电公司当时近期收益大幅增长,又有良好的发展前景,因此,内在价值投资者可以理性地投资于这家公司的股票。

注释:

1. J. K. Galbraith, *The Great Crash*, 1929, (Boston: Houghton Mifflin 1961), p.17.

2. B. G. Malkiel, *A Random Walk Down Wall Street* (New York Norton, 1975), pp.38—43.

3. 其他作者列举了略有不同的价格低点。

4. Jones and Lowe, "Manipulation," p.443.

5. From the *Listing Application*, A—6437, dated Sept.9,1924, of the Radio Corporation of America for Listing its stock on the New York Stock Exchange (cited in Jones and Lowe, "Manipulation," p.476).

6. U. S. Senate, Committee on Banking and Currency, 72nd Congress, Senate Resolution 84, *Hearings on Stock Exchange Practices*, part 2, pp.465ff (cited in Jones and Lowe, "Manipulation," p.477).

7. Jones and Lowe, "Manipulation," p.479.

8. Ibid. 这个价格高点与马尔基尔援引的 101 美元的高点不符。两个高点之间的差异也许可用股息来解释。1929 年 9 月 3 日,"美国无线电"股的价格曾经达到过这个高点。

9. Jones and Lowe, "Manipulation," p.480.

10. Ibid., p. 482.

11. Galbraith, Great Crash, p.84.

12. 转引自 Jones and Lowe, "Manipulation," pp. 789—798。

6

纽约联邦储备银行与
联邦储备委员会之间的争执[*]

> 国内高工资和低失业率促进了劳资和谐,除了禁令、农业救济、犯罪率激增和联邦储备委员会的政策等问题之外,几乎没有干扰我国经济高歌猛进的因素。
>
> ——约瑟夫·斯塔格·劳伦斯,《华尔街与华盛顿》
> (*Wall Street and Washington*)

到了 1929 年初,纽约联邦储备银行与联邦储备委员会都认为,股票投机已经过度,必须加以制止。但两者在应该采用什么方式加以制止的问题上出现了分歧,前者认为,控制信贷的最好方法就是提高再贴现率,但后者并不想提高利率,而是想采取"直接行动"。这里所说的直接行动是指联邦储备委员会表明自己的立场,并进行道义上的劝告(威胁?),以说服银行应该与联邦储备委员会制止股票市场

---

* 笔者在写这一章时大量参考了 C. S. 哈姆林(C. S. Hamlin)的日记和哈里森(Harrison)的书信。

投机的意愿保持一致。在1929年上半年,这就意味着,银行应该把信贷从为炒股融资的投机贷款转向用于正常商业活动的贷款。虽然在想要采取的行动上的差别也许可被说成知识水平上的差别,但还有其他更重要的因素导致了双方合作的缺失:

"这个时期的结束以联邦储备委员会与联邦储备银行之间在采用什么方法来制止股市投机这个问题上出现公开的冲突为标志。这场公开冲突的具体表现就是最终参与到联邦储备系统内部始终存在潜在发生可能性的权力斗争中来,而这场内部权力斗争在以后的几年里将会导致联邦储备系统内部几近彻底的权力转移,也就是权力从各联邦储备银行(一般而言)和纽约联邦储备银行(具体来说)向联邦储备委员会的转移。"[1]

想要了解联邦储备委员会对纽约联邦储备银行的敌意态度,就得追溯到1914~1928年本杰明·斯特朗担任纽约联邦储备银行行长时期。到了1921年,斯特朗已经成为他那个时代美国具有绝对影响力的中央银行家。1921~1928年期间,当涉及美国国内金融和国际金融事务时,华盛顿与纽约相比只能算是一个配角。

斯特朗认为不应单纯为了防范股票投机而限制信贷,并且担心限制信贷的政策有可能造成的后果:

"不难发现,任何单纯强行清理股票贷款账户并同时影响证券价格的政策都将在其他方面产生广泛并且多少有点相似的影响,主要是产生不利于我们国家健康繁荣的影响。本人认为,采取这种政策必然是这种结局。

"在我们的批评者中,有些人不断猛烈地谴责我们没有着手解决股票投机问题。我想知道,这样一种政策倘若付诸实施会产生什么后果,由谁来为此承担责任。"[2]

股市下跌后,没有人宣称愿意承担这个责任。

1927年,经济活动相对比较平淡,而联邦储备委员会在斯特朗的力劝下决定采取银根宽松政策。阿道夫·米勒这个联邦储备委员会很有影响力的成员把1929年和随后几年糟糕的经济状况归咎于这项政策,并且表示斯特朗是这项政策的始作俑者:

"这项政策……是纽约联邦储备银行的杰作,或者更加确切地说,就是这家银行出类拔萃的已故行长本杰明·斯特朗的发明。斯特朗智力过人、意志坚强、胸怀大志,有迷人的个性和很广的人脉,并且善于用自己的观点和意志来影响联邦储备系统的同事。"[3]

米勒觉得,联邦储备系统在1927年和1928年间奉行的信贷宽松政策导致了灾难性的后果:1927年、1928年和1929年前9个月,股价持续上涨。直到1929年2月2日,联邦储备委员会才以米勒赞成的方式采取行动。他指责纽约联邦储备银行没有提供必要的领导力:

"现在非常清楚,联邦储备委员会在1927年接受了纽约联邦储备银行建议的扩张性信贷放松行动,并且在1928年下半年完全放弃了投机限制行动,这表明联邦储备委员会按既有惯例先是太快同意了一个既大胆又危险的建议,后来又太慢承担起在关键时刻所必需但又缺失的领导责任……而纽约联邦储备银行的领导力则被证明不足以应对当时的局面。"[4]

阿道夫·卡斯珀·米勒(Adolph Casper Miller)从联邦储备委

员会成立之初就是该委员会的成员。在加盟内政部和联邦储备委员会前的 24 年里,他曾先后在哈佛大学、康奈尔大学、芝加哥大学和加利福尼亚大学担任经济学教职。威廉·哈德(William Hard)把米勒说成是"联邦储备委员会的大脑"。[5] 早在 1925 年,米勒在波士顿商业俱乐部(Boston Commercial Club)发表演说时就已经向投机宣战:"很明显,没有一家银行处于恰当的位置来申请储备银行贷款发放用于投机的信贷"。[6] 这种极端的联邦储备银行业务和职能观遭遇了本杰明·斯特朗的抵制。在斯特朗于 1928 年 10 月病故后,在赫伯特·胡佛于同年当选美国总统后,米勒得以把他的理念强加于联邦储备委员会乃至整个美国。

米勒住在华盛顿的 S 街,而赫伯特·胡佛住在同一个街区。胡佛和米勒很快就成了朋友,胡佛的经济政策无疑受到这位朋友的很大影响(或者说,米勒受到了胡佛的影响)。[7] 当胡佛于 1929 年入主白宫时,米勒终于担任了一个影响巨大的重要职务。

米勒从未能把自己的关注焦点从纽约证券交易所转向实体经济,他根本就没有想到斯特朗主张的 1927 年的货币政策有助于规避经济衰退,但结果导致了 1928 年和 1929 年经济繁荣。他所迷恋的政策目标就是结束投机。1929 年 2 月,米勒终于说服联邦储备委员会认为以采取直接行动为好:

"在这个乐观已经演化为狂热,而贪婪已经成性的时期里……联邦储备委员会目睹事态的发展变得越来越焦虑。最后,它的焦虑已经达到了这样一个程度:它觉得自己必须承担起对已经危险地扩张且还在扩张并正在威胁我国人民福祉的投机局面进行干预的责任。

这是发生在1929年2月初的事情。"[8]

在1929年以前,斯特朗和柯立芝阻碍了米勒关于联邦储备委员会实施监管的主张。斯特朗的说服力和领导力可进一步在钱德勒(Chandler)讲述的关于堪萨斯城联邦储备银行的故事中得到反映。堪萨斯城联邦储备银行行长贝利(Bailey)在联邦储备银行行长会议上发言。

他刚开始讲话,就有一名同事大声嚷道:"请告诉我们,行长,为什么您的联邦储备银行带头降低再贴现率?"

"我也不介意告诉你们,"堪萨斯城联邦储备银行行长回答说:'我这么做,是因为本·斯特朗要我这么做'。"

听到这位行长如此回答,与会者哄堂大笑。贝利行长不无动情地继续说道:"我并不担心在处理金融事务上效仿本·斯特朗和安德鲁·梅隆(Andrew Mellon)这样的人物。"[9]

1928年10月,斯特朗病故。1928年11月23日,乔治·哈里森(Jeorge Harrison)被任命为纽约联邦储备银行行长。但不管怎样,"斯特朗的病故导致美联储失去了一个积极进取、值得信赖的领导中心,而联邦储备委员会决心不再让纽约联邦储备银行充当这个角色"。[10]胡佛的当选也确保了联邦储备委员会的信贷紧缩政策从1929年3月开始得到了白宫的支持。

哈里森是一名职业军人的儿子,1910年毕业于耶鲁大学,1913年毕业于哈佛大学法学院。从哈佛大学法学院毕业后,他给最高法院大法官奥利弗·文达尔·霍尔姆斯(Oliver Wendall Holms)当了一年的法律秘书。在创建联邦储备系统时,他被任命为联邦储备委员会法律总顾问助理。第一次世界大战期间,他在随美国红十字会赴法国小分队服务一段时间后,又回到联邦储备委员会担任法律总顾问。1920年,他出任纽约联邦储备银行副行长,并在1928年夏季陪同斯特朗行长完成了后者的最后一次欧洲之行。哈里森是一个非常睿智、称职,有高度道德感的领导人,但他并不是一个高效的政治战略家,可能与联邦储备委员会之间存在一些分歧。

联邦储备委员会一直等到1929年初才向纽约联邦储备银行发起挑战。这时,胡佛已经当选总统,并且已经公开表示反对投机。就在胡佛即将就职的当口,联邦储备委员会采取了行动。

1929年1月3日,哈里森打电话给联邦储备委员会主席杨,告诉他纽约联邦储备银行董事局已经决定提高银行票据(这里是指银行承兑票据)的最低买入价。第二天上午,纽约联邦储备银行实际提高了银行承兑汇票的再贴现利率。按照正常程序,其他联邦储备银行就会跟进调整银行汇票最低买入价。各联邦储备银行也确实表决通过了调整银行汇票最低买入价,并且把它们的行动通知了联邦储备委员会。

那天晚上,哈里森收到了联邦储备委员会发来的电报。电文上说,联邦储备委员会不准备批准这次提高再贴现率的行动。哈里森为这份电报的内容感到震惊。杨担任联邦储备委员会主席已1年有余,并且应该能够理解调整银行汇票再贴现利率这个得到公认的步骤。在那天下午的3次通话中,杨并没有表示联邦储备委员会对纽约联邦储备银行提高银行汇票再贴现率的不满。实际上,1个星期前,哈里森已经告诉杨他们准备提高再贴现率。杨并没有表示他不同意或者联邦储备委员会会批准这样的加息举措。哈里森并不明白杨只是名义上的联邦储备委员会主管，阿道夫·米勒掌握着联邦储备委员会的实权，并且强烈反对提高再贴现率。

哈里森多次打电话到杨家里，并且在晚上 7:00 与杨取得了联系。他告诉杨，他为关于这次加息行动可能产生的误解表示遗憾，纽约联邦储备银行只是做了它在过去很多年里已经做过的事，而且没有出现过任何问题，或者遭到过联邦储备委员会的反对。但是，杨"非常生气"，并且在电话里说"不想再做'橡皮图章'"。哈里森补充说"他好像非常生气"——据杨的同时代人描述，杨是一个"天性快乐"的人。杨因纽约联邦储备银行提高再贴现率，联邦储备委员会中的激进多数不能接受此举而感到灰心丧气。其实，他本人居于中间立场。

C. S. 哈姆林在他的日记里写道，杨之所以恼羞成怒，是因为纽约联邦储备银行事先没有征求他的意见，他想下令叫停提高再贴现率。"按照普拉特的说法，这就像一巴掌打在他的脸上；杨主席是想表明他想要什么。"杨认为，哈里森没把他当回事，于是就让压抑在心中的怨气释放出来。哈里森是在替本杰明·斯特朗受过，杨的怨气是冲着斯特朗的，但从未在斯特朗面前释放。

哈姆林写道，联邦储备委员会曾努力寻找能够证明纽约联邦储备银行调高再贴现率的行为为非法的相关规定，但没能如愿。米勒认为必须制定新的章法，"从此以后，凡是调整承兑利率在付诸实施前必须征得联邦储备委员会的同意"。

1月4日上午，哈里森打电话给杨，想做和事佬平息此事。

"我再次告诉他,依据我本人对这个问题的看法,我们采取这个行动完全符合我们所理解的多年来形成的常规程序,并且基于充分的诚信……我们时常调整我们的再贴现率,并且只是告知联邦储备委员会我们这样做了,从不征求它的同意;我们昨天采取的行动完全符合这个规矩;过去,我们也时常和他讨论这个问题,更加具体地说,就在上周一,我们还讨论过这个问题,他也没有表示任何他要重定规矩的意思。我还以为我们的行动完全能够得到联邦储备委员会的理解和祝福。"

那天下午,杨打电话给哈里森说,纽约联邦储备银行已经实际调整再贴现率,联邦储备委员会也已经注意到这次行动,但并没有表示同意或者反对。杨还在电话里说联邦储备委员会正在准备一些新的规定,但始终没有公布新的规定。1月3日和4日发生的事情明显表示,杨和联邦储备委员会都想重申联邦储备委员会对纽约联邦储备银行的监管权。

1月6日,哈里森动身去华盛顿,并且与杨会面。

"我们讨论了各种各样的问题,尤其是所有在公开市场投资委员会(Open Market Investment Committee)会议上可能会谈到的问题。不过,他只字未提银行汇票再贴现率或者未来的监管问题。直到杨主席大概要去用午餐时,我才把话题转到这个主题上。我问他他所说的监管规定进展如何。他微笑着回答说不是很好,因为他提出的每个方案都没有获得联邦储备委员会的认可。"

银行汇票再贴现率事件正在接近尾声。但当杨对哈里森说"他并不想再当'橡皮图章'"时,可能并不是针对做事一贯谨慎的哈里森，而是针对斯特朗主政纽约联邦储备银行的年代和杨本人与联邦储备委员会成员的人际关系做出的反应。汇票再贴现率调高事件反映了一些在随后发生的事件中变得更加显而易见的态度。

纽约联邦储备银行的加息行动不但惊动了联邦储备委员会，而且还引起这个委员会的内乱。哈姆林报告称，杨、詹姆斯和坎宁安之间发生了激烈的争论。米勒想发表一个在哈姆林看来有助于"防止渗透到华尔街"的声明。杨不同意发表这样的声明，并且表示联邦储备委员会不能发表赞成采取直接行动和收紧经纪人贷款的声明。2月，联邦储备委员会就在做这种事情，内部存在着严重的意见分歧。

哈里森在1月9日与国民商业银行（National Bank of Commerce）亚历山大（Alexander）的交谈中，着重表达了他本人关于联邦储备银行该做什么和不该做什么的看法。在说到联邦储备银行时，他表示这家银行过去在其会员银行还有很多汽车贷款没有收回的情况下就采取过不向任何会员银行发放贷款的政策。这种直接行动遭到了广泛的批评，而联邦储备委员会很快就改变了政策。哈里森表示，同样的批评意见"应该也适用于——也许程度有所不同——对经纪人贷款采取的直接行动"。

"我们无权确定纽约证券交易所是不是我国经济生活的一个合法组成部分，但只要纽约证券交易所还存在，我们就必须认为它就是我们经济生活的合法组成部分；如果正是这样的话，那么，经纪人就是纽约证券交易所这架机器不可或缺的一部分，而发放给经纪人的贷款为经纪人和给经纪人办理结算业务的银行开展业务所必需。"

于是，哈里森(在公开米勒2月2日的信的内容之前)采取了直接行动。

"我是说自1928年4月1日以来，国民商业银行对我们拖欠债务只有28天；自1928年7月1日以来，这家银行对我们拖欠债务只有6天——发生在10月；无论是按借款连续性和频率还是按平均值计，他们对纽约其他银行拖欠了更多的借款；我想他应该有权知道这个事实，以便他和我们都可以避免在这里和华盛顿遭受批评的可能性……我还要补充说，他比我们更加清楚应该如何进行最好的调整。"

以下是一个说明直接行动起作用的实际例子。1月3日和4日发生的事情为哈里森在联邦储备委员会宣布其政策前就倾向于实施该委员会提倡的直接行动奠定了基础。哈里森显然并不希望与联邦储备委员会发生冲突，并且试图通过提前执行联邦储备委员会主张采取的行动来避免冲突。反投机战已经打响，银行也已经收到关于紧缩经纪人贷款的通知。

1月21日，米勒向联邦储备委员会成员分发了一份决定采取直接行动的信函草稿。杨的目的是要"对米勒起草的信函进行修改，以便能以最不易招致反对的形式公布于众"。杨并不认为直接向联邦储备银行施压就能取得成功，因此也不支持公开这封信的内容。

不可思议的是，杨与纽约联邦储备银行居然达成了一致，双方都不相信直接行动(对银行施压，迫使它们不再发放投机贷款)。纽约联邦储备银行认为应该通过提高利率并以由市场价格决定资源配置的方式来控制贷款。

米勒建议公布的信函经过了长时间的讨论。杨担心"它被理解为打压股市,并且导致灾难"(Hamlin, Jan. 25)。

1月25日,米勒打电话给哈姆林,告诉他说银行系统已经陷入瘫痪,任命哈里森为纽约联邦储备银行行长简直就是一场"严重的灾难"(Hamlin, Jan. 25)。

1月31日,杨动身去纽约参加纽约联邦储备银行董事局会议。英格兰银行行长蒙塔古·诺曼(Montagu Norman)当时正在纽约访问纽约联邦储备银行。杨与诺曼在纽约举行了会谈。诺曼把这次会谈解释成免去了他去华盛顿的需要。希望避免与杨发生争执的哈里森表示,英格兰银行行长的到访有可能被误解,因此力劝诺曼去华盛顿访问。诺曼表示他很乐意访问华盛顿,并且实际走访了华盛顿。[11]

2月2日,联邦储备委员会再次讨论了米勒起草的信。一条在信的草稿中添加"不希望看到过激行动"的动议付诸表决,但没有获得通过。就这封信本身而言,除了杨以外,联邦储备委员会的其他成员都投了赞成票。"普拉特表示他希望公众能够把这封信理解为建议对已经存在的投机贷款采取激烈的行动,而詹姆士和米勒同意他的观点"(Hamlin, Feb. 2)。哈姆林表示,"显然,他们三人并不在意或者忽略了倘若此信被如此理解随之可能产生的危险后果"。尽管哈姆林预见到了这封信一旦公布就有可能产生的危险后果,但他还是投票赞成公布这封信的内容(本章附录1是这封信的文本拷贝)。

联邦储备委员会不但与纽约联邦储备银行之间存在争执,而且其内部也有分歧。以下是米勒在1935年写下的文字:

"在联邦储备委员会于1929年2月2日宣布其立场后的6个月

里,5个负责形成联邦储备系统态度和政策的成员遭到了其内部包括财政部长和联邦储备委员会正副主席在内的少数派成员,12家联邦储备银行,联邦咨询委员会以及很多但不是全体最大会员银行的反对。"12

米勒尽管遭到了很多人的反对,但仍不愿考虑他的立场有错的可能性。

纽约联邦储备银行认为(就如米勒起草、联邦储备委员会印发的2月2日公开信所显示的那样),直接行动起不了收缩信贷的作用,并且在执行过程中还会引发问题。纽约联邦储备银行赞成提高再贴现率。从2月14日到5月23日,纽约联邦储备银行董事局11次举行会议投票表决通过了把其银行的再贴现率从5%提高到6%的决议。联邦储备委员会11次投票表决通过降低再贴现率的调整幅度。只是到了1929年8月9日,联邦储备委员会才同意把再贴现率提高到6%。

2月5日,哈里森在华盛顿解释了纽约联邦储备银行全体董事关于再贴现率的立场。他在那天上午与杨足足谈了2个小时,下午还参加了联邦储备委员会的会议。哈里森在他的日记中写道"投机活动在持续发酵;去年银行发放的投机贷款增加了80亿美元"(Hamlin, Feb. 5)。在回答提问时,哈里森承认6%的再贴现率有可能"伤害到小制造商",并且会"干扰建筑业的运营"。哈里森表示直接施压已经失败,而"如果6%的再贴现率不能抑制投机,那么就得求助于更高的再贴现率"。关于投机必须得到控制这一点,纽约联邦储备银行与华盛顿的联邦储备委员会之间没有任何分歧,双方的分歧出现在控制方法上。

哈里森的2月2日会议报告与哈姆林的记述多少有点出入：

"末了，我告诉联邦储备委员会，在这个时候，我没有任何建议可提；我们认为这是我国信贷史上一个非常严峻的时期；我个人认为，我们前一天召开的会议非常重要，应该向联邦储备委员会报告；我很高兴能够了解他们的反应，并且和他们一起讨论联邦储备系统的政策，特别是了解他们对我们应该要做但还没有做的事情有什么想法。会上，联邦储备委员会的成员很少说话，虽然当我问米勒博士在我们必须提高利率的情况下对把利率提高1％有什么想法时，他表示，他认为，这是一个非常重要的问题，应该在我们必须采取行动的时候才做出决定。"

纽约联邦储备银行认为，必须采取行动的时间已到。

接下来，哈里森详细谈论了联邦储备委员会2月2日发给各联邦储备银行的公开信：

"然后，我和联邦储备委员会长谈了他们2月2日发给我们的信。我当时表示，我个人认为，纽约联邦储备银行在自己的权限范围内已经实际尽力采取了所谓的直接行动；我们认为，当会员银行在还贷连续性或者借贷金额方面有出格行为时及时告知它们是我们的权利和职责所在；我们在保证得到它们在这方面的合作上从未有过任何问题；但是，无论我们在什么时候和我们的会员银行谈起这个问题，都会告诉它们如何调整它们欠我们贷款的状况是它们要解决的一个内部管理问题；我们并不想插手它们的内部管理，但会告诉它们；我们认为它们在我们这里无论是相对于其他会员银行还是相对于它们自己的业务而言贷款太多或者贷款时间太长,我们还想到了银行有时会因为某项经过深思熟虑的投资而向我们借相当于其资本金的贷款的可能性,等做完这个项目后就能赚取相当于向我们贷款支付的利息与这项投资回报之间差额的利润这种可能性。"

我们可以用哈里森与米勒之间的对话(就如哈里森所描述的那样)来清楚地确定联邦储备委员会与纽约联邦储备银行之间的立场分歧:

"除了米勒博士以外,联邦储备委员会的其他成员没有一人提出任何具体的建议。米勒表示,如果由他来管理纽约联邦储备银行,并且收到一封像联邦储备委员会这次发来的公开信那样的信,那么,他就会致信给纽约的每一家主要会员银行,或者召集它们开会告诉它们,他去过华盛顿,并且获悉联邦储备委员会反对利用联邦储备信贷来支撑投机贷款;在这种情况下,他会告诉它们就按'指示'办。我告诉米勒问题就在这里,没法确定'指示'的内容到底是什么。"

到了2月5日下午晚些时候,联邦储备委员会考虑在它的公报中插页进行提示。哈姆林注意到,"在讨论插页提示的效果时,米勒表示:他不认为加插页进行提示的做法能起到严格清理投机贷款的效果;我们能做的任何事情都不可能收到这样的效果;他本人希望看到投机贷款的快速收回和急剧减少"。到了10月,米勒终于如愿以偿。

根据哈姆林的记述,联邦储备委员会研究统计部主任 E. A. 戈登维瑟(E. A. Goldenweiser)提醒不要采取插页提示的做法:

"正好走进会议室的戈登维瑟博士表示,'如果我不说出以在公报中加插页的形式公布我们致纽约联邦储备银行董事局主席的信的做法可能是严重错误的想法,那么就是做人不实在'。戈登维瑟的这段话表明联邦储备委员会与各联邦储备银行之间确实存在观点分歧,并且还能洗清联邦储备委员会的'家丑'。"

米勒同意只在插页上刊登致纽约联邦储备银行董事局主席信第一页的内容,只有杨投票反对公开信的内容。

1929年2月那一期的《联邦储备委员会公报》刊登了以下声明:

"不管怎样,在过去的一年或者更长的时间里,联邦储备系统的运行由于我们国家太多的信贷被投机性证券交易所吸纳而遭到了干扰。新年伊始以来的信贷形势显示,1928年导致不利形势发展的一些因素仍在起作用;投机信贷规模仍在扩大……

"根据联邦储备委员会的判断,证券投机贷款大量吸纳资金的问题在过去的一年或者更长的时间里已经成为信贷变化的一个特点,因此必须加以特别关注,以防止这个问题成为导致有损于我国商业利益的利率进一步上涨的决定性因素。

"在联邦储备委员会看来,《联邦储备法案》没有预想到联邦储备银行动用资源来扩大投机信贷的状况。会员银行无论是为了发放投机贷款还是维持投机贷款而求助于联邦储备银行的再贴现便利,都不属于合理需求。"

3月份的那期《联邦储备委员会公报》刊登了以下声明:

"在上月那期公报中,联邦储备委员会明确表示了对近几年证券抵押贷款快速增长和这类贷款目前居高不下的态度。联邦储备委员会已经声明,'证券投机贷款大量吸纳资金的问题在过去的一年或者更长的时间里已经成为信贷变化的一个特点，因此必须加以特别关注，以防止这个问题成为导致有损于我国商业利益的利率进一步上涨的决定性因素'。"

这期公报还简要介绍了联邦储备委员会的银行政策和信贷政策：

"信贷政策基本上是客观的，并且主要表现为：联邦储备系统能够运用它的公开市场买卖策略以及会员银行贷款的再贴现利率和银行承兑汇票的买入价来对银行的信贷额度和成本施加影响。在决定信贷政策方面，联邦储备系统始终都要权衡采取某一给定行动有可能产生的利弊。低利率有可能对国内经济产生有利的影响，但同时也可能刺激证券、商品或者不动产投机；而高利率有可能产生抑制投机的影响，但同时也会提高各行各业的信贷成本，因而会伤害工商业，最后还可能吸引黄金流入国内，进而缓解国内的经济形势。"

2月6日，哈里森短暂走访了联邦储备委员会，并且对联邦储备委员会公告要求为限制投机贷款采取"直接行动"的声明表示遗憾。哈里森当日就赶回了纽约。2月7日，哈姆林记述说，"哈里森来电表示，纽约联邦储备银行董事局正考虑提高再贴现率。联邦储备委员会主席杨告诉他说最好今天不要采取行动。如果要提高利率，我想，除了杨主席，可能还有普拉特以外，其他成员也许都会拒绝批准这项决议"。

2月8日，联邦储备委员会搁置了纽约联邦储备银行要求提高再贴现率的申请（普拉特投票反对搁置纽约联邦储备银行申请的动议）。联邦储备委员会担心，如果批准纽约联邦储备银行提高再贴现率的申请,那么就能断定"委员会致纽约联邦储备银行董事局主席的信就意味着提高利率——尽管大多数委员表示反对"(Hamlin, Feb. 8)。

同日,米勒与杨之间进行了一次值得关注的意见交换(就如哈姆林记述的那样)。米勒是赫伯特·胡佛的好友(和前邻居)。

"在讨论过程中,米勒谈到胡佛支持联邦储备委员会的立场时表示,他很了解华尔街,而且会像胡佛了解并赞成联邦储备委员会的行动那样采取行动;如果联邦储备委员会态度软弱,他模糊地暗示,胡佛就会在这个问题上采取立场。

"当杨问米勒这是不是一种威胁时,米勒明显地露出了尴尬的表情,回答说'不,绝对不是!'

"杨对联邦储备系统独立性的辩解值得称道。

"米勒随后表示,他绝不会投票支持提高再贴现率,除非直接行动被明确证明是一次失败的行动。"

2月14日,纽约联邦储备银行全体董事一致投票同意把再贴现利率提高到6%。哈里森随即(下午3:40)打电话告诉在华盛顿的杨,并且请求'以某种方式'做出批复。下午4:20,杨在电话里给哈里森念了联邦储备委员会的以下书面意见:

"联邦储备委员会通知本人电话告诉你:联邦储备委员会已经收到纽约联邦储备银行关于该行已经决定把利率提高到6%的口头申请;联邦储备委员会将审议这个问题,并且在这期间决定纽约联邦储备银行仍须采用5%的利率。"

哈里森解释了需要当天审议和批复的原因,杨表示他并不理解这种需要,还说他会跟联邦储备委员会重提这个问题。

下午5:20,哈里森仍没等到杨的回电,于是再次打电话给杨,在不清楚联邦储备委员会是否会批准纽约联邦储备银行(全体董事——有些经营银行的董事掌握内部信息)已经表决通过的提高再贴现率的决议的情况下对问题做了说明。

下午5:30,麦克加拉(McGarrah,纽约联邦储备银行董事局主席)打电话给杨,并且展开阐述了哈里森担心的问题。

下午5:45,麦克加拉再次打电话给杨,杨在电话里给麦克加拉念了联邦储备委员会的以下书面意见:

"联邦储备委员会出席本次会议的全体成员非正式同意,在纽约联邦储备银行董事局下次例会日之前,也就是下周四之前,除了劝说希望不要反对联邦储备委员会在早些时候采取的行动以外,他们不会采取任何行动来改变该行的再贴现率。"

下午5:30,纽约联邦储备银行董事、纽约国民城市银行总裁C. E. 米切尔(C. E. Mitchell)与杨通话,但问题仍没有得到解决。

下午6:01,哈里森向杨说明了把再贴现率提高到6%的投票表决情况,并且表示"联邦储备委员会如果当日不采取行动,那么就会延误时机,导致加息行动失效"(加息行动失效似乎有助于解决哈里森的问题,但这个事实都被大家忽视了)。

杨表示,联邦储备委员会需要重新考虑这个问题,并且需要时间。下午6:23,哈里森与杨的通话真的因杨跟联邦储备委员会其他成员谈话而"耽搁了一段时间"。下午6:40,杨在电话里给哈里森念了联邦储备委员会通过的以下动议:

(1)鉴于纽约联邦储备银行在电话里很不完整地报告了其董事局采取再贴现率调整行动的事宜,还鉴于联邦储备委员会现在也通过了之前如纽约联邦储备银行董事局通过的那种决议,因此有委员提出动议:联邦储备委员会应该重新考虑之前针对纽约联邦储备银行再贴现率调整方案采取的行动。这项动议获得了通过。

(2)联邦储备委员会不批准纽约联邦储备银行董事局决定采取的行动,并且决定把纽约联邦储备银行的再贴现率确定在5%的水平上。

因此,联邦储备委员会同意重新审核纽约联邦储备银行董事局的决议,但随后又否决了纽约联邦储备银行提高利率的决定。

哈里森试图重提这个问题,并且主动表示,如果联邦储备委员会愿意,他能提供更多的信息。米切尔颇有风度地接受了这个结果。他打电话对杨说:"我很高兴,联邦储备委员会终于采取了明确的行动。"

"哈里森行长随后告知杨主席,按照我们的惯例,他将告诉新闻记者无可奉告。"

2月28日上午9:10,杨打电话给哈里森,和他商谈归在其他人名下的通知贷款报告形式。在谈完此事后,哈里森又把话题转到了再贴现率的问题上。杨解释说,联邦储备委员会希望尝试一种直接行动,并且以7票对1票的比例投票否决了纽约联邦储备银行提出的任何加息申请。

1929年3月16日,杨在辛辛那提商业俱乐部(Commercial Club of Cincinnati)发表讲话,讲话内容在第二天公布于众。除了介绍了一些不同的解决方案外，杨并没有具体推荐其中的任何一种方案。他在讲话中表示：

"企业可以稳妥地通过发行股票或者债券为自己的业务融资，而且只要稳妥就能获得信贷，但企业无权霸占全部的信贷或者占用信贷总额不合理的比例。

"在我看来，对于所有的贷款人来说，出于谨慎应该首先关注企业申请的信贷金额是否占比合理，并且把剩下的信贷留给其他企业。"

以上是联邦储备委员会主席在1929年3月经过深思熟虑才发表的意见。

3月21日，哈里森和安德鲁·梅隆通过一次话。梅隆赞同利率迟早要上调的看法，但就如哈里森所写的那样，"我从未听到梅隆先生发表更多的意见"。

3月26日，通知贷款先是以12%的利率发放，但到了中午，通知贷款的利率已经上涨到了20%，而股价急剧下跌。纽约国民城市银行的C. E. 米切尔在与哈里森交换看法时把当时的形势说成是"恐慌"。纽约联邦储备银行提供了为阻止股市继续下跌所必需的流动性。米切尔也采取了有助于阻止股价下跌的措施(向经纪人放贷)。米切尔并没有因为他采取的行动而受到感激。哈里森采取的行动意义重大，因为他把他的银行和纽约各会员银行的资源用在了防范恐慌上。这次恐慌可是10月股市崩盘的预演。哈里森写道：

"不管怎样，我随后谈到了在这样一种被他说成濒临'恐慌'的情况下，纽约联邦储备银行不想并且也不能无端拒绝向会员银行发放合格票据质押贷款;我们不应该让我们正在拒绝贷款的印象扩散开来;我本人已经通知我们银行的员工如果有人前来询问贷款事宜,不得暗示我们可能要停贷。换句话说,就如我已经表态的那样,我的观点就是:在这个关键时刻,联邦储备银行应该按现行利率大量放贷,尽量避免被人指责武断拒绝贷款或者实行信贷配给。"

哈里森后来又打电话给清算委员会主席杰克逊·雷诺兹(Jackson Reynolds),和他进行了内容相似的通话。雷诺兹认为股价下跌也有它的好处:

"他再三表示,他认为这是'好事','这些家伙正在遭到报应'。不过,我告诉他说,我并不希望他觉得纽约联邦储备银行在过去为避免不必要地动用信贷资源而极力寻求与各会员银行的合作,而现在被误解为拒绝发放合格票据质押贷款。"

我们必须知道谁是"正在遭到报应的家伙"。

哈里森还打电话给杨。

"大约在12:45,我打电话给联邦储备委员会主席杨告诉他目前货币市场的状况,还提到了通知贷款利率已经涨到了20%,市场需要6 000万美元的通知贷款;股价已经急剧下跌;纽约证券交易所卖盘活跃。他表示已经有人告诉他这些情况。"

杨表示,哈里森采取的行动"百分之百正确"。

1929年3月26日与这一年10月的黑色日子相比,算不上历史性的一天。纽约联邦储备银行和纽约国民城市银行采取的行动以及"运气"扭转了这一天的局势。但不管怎样,3月26日,道琼斯指数触底探到了281.51点,与前一交易日311.55的高点相比整整下跌了

9.6%。3月26日纽约证券交易所完成了824.6万股的交易量,而前一交易日的成交量是586万股,后一交易日的成交量是561.9万股。纽约联邦储备银行和纽约国民城市银行的行动有助于防止那天的恐慌演变成一次历史性恐慌。

1929年4月那一期的《联邦储备委员会公报》只字未提3月26日的恐慌,仅仅载文表示:

"自联邦储备委员会发表2月7日声明以来银行对经纪人贷款实施的清理,体现了银行为实现联邦储备委员会旨在限制银行信贷流入投机渠道的愿望而做出的努力。这次经纪人贷款清理行动已经导致利率进一步上涨,而利率的进一步上涨吸引了国内外企业和个人的资金。"

3月26日,米切尔宣布,"无论联邦储备委员会采取什么态度,纽约国民城市银行都将准备向通知贷款市场投放2 500万美元"。[13]

有人也许会认为,历史理应感谢米切尔为防止股市崩盘而出力。本章附录2附有米切尔在1933年参议院一个委员会召集的证券交易所行为听证会上所做的证词。米切尔没有因为阻止股市3月崩盘而得到感谢,而是受到了怂恿投机导致10月股价大跌的指控。

1929年3月29日的《纽约时报》发表了参议员卡特·格拉斯针对米切尔的以下讲话:

"他公开宣称他对疯狂的股市负有的责任高于他作为纽约联邦储备银行董事宣誓承诺担负的责任。

"米切尔先生的公开宣称是向联邦储备委员会的权威和它公布的政策发起的挑战,联邦储备委员会应该迅速迎接并勇敢面对这一挑战。

"联邦储备委员会应该要求米切尔先生立刻辞去纽约联邦储备银行A级董事的职务……

"几个月来,我们整个国家受到了来势汹汹的过度股票投机的惊吓。就在联邦储备委员会适度寻求通过完全合法的行政政策而不是大幅提高再贴现率——因为大幅提高再贴现率有可能惩罚全国企业的合法经营——来缓解过度投机导致的危险时,联邦储备系统的一名官员却发起了挑战,并且企图使联邦储备委员会的政策失效。"[14]

胡佛对格拉斯的讲话表示赞同。10月股市崩盘已是大势所趋。纽约本埠银行都已经清楚,总统、国会或者联邦储备委员会对旨在防范股市恐慌采取的大规模行动并不领情。

3月28日,米勒来纽约参加纽约联邦储备银行召开的一次董事会议。12:45,他对哈里森说,"今天上午的报纸都刊登了米切尔关于'通知贷款'和'联邦储备委员会警告'的讲话,我本人觉得在不发表自己对这个问题的看法的情况下(也就是说,这可能意味着他同意米切尔的讲话),不能参加贵行下午举行的董事局会议"。

米切尔是纽约联邦储备银行的董事。

当时,哈里森记述道:"我建议米勒先生在中午就餐时挨着米切尔先生坐,两人心平气和地私下交换一下看法。米勒先生回答说,他本人不想和他'个别'讨论这个问题。"我问他是否愿意在董事局会议上'正式'讨论这个问题,并且说明联邦储备委员会没有授权他谈论这个问题。米勒先生回答说'当然,的确如此'。因此,他不会在董事局会议上谈论这个问题。

哈里森继续做他的和事佬:"于是,我对米勒先生说,希望他不要固执己见,不参加下午的会议。他来这里就是要和我们的董事一起讨论联邦储备委员会的政策这个极其重要的问题,我希望他在决定不参加我们的会议之前先和美联储主席杨通个气。"

米勒在和杨通过电话以后表示,他很乐意参加我们的会议,但不会评论米切的讲话。我对他说:"有这个结果,我已经感到非常满意。"

《1933年银行业法案》(Banking Act of 1933)表示:"为了防止1929年3月——纽约国民城市银行不顾联邦储备委员会的明确反对,向通知贷款市场注资2 500万美元——事件的重复发生,本法赋予联邦储备委员会权力以立刻收回发放给任何无视不得增发股市贷款警告的会员银行的全部贷款。"[15]

就这样,一家联邦储备系统的会员银行在纽约联邦储备银行和联邦储备委员会主席完全知情和赞同的情况下采取的行动导致美国国会通过了一部不必要的法律。

1929年4月11日,星期四,纽约联邦储备银行全体董事投票决定把再贴现率提高到6%。哈里森打电话给联邦储备委员会的埃德蒙·普拉特,向他通报了纽约联邦储备银行董事局通过的这个决议以及纽约联邦储备银行董事审议这个决议真实情况的一些细节。

普拉特表示,联邦储备委员会上午已经就调高再贴现率问题做出了反应,并且表示反对。

哈里森请求联邦储备委员会"重新考虑这个问题"。大概在哈里森提出请求后1小时,普拉特来电表示,联邦储备委员会已经投票否决了提高再贴现率的要求。

1929年4月18日下午,哈里森打电话告诉普拉特,纽约联邦储备银行全体董事再次投票表决通过了把再贴现率调整到6%的决议。普拉特再次回复:联邦储备委员会再次否决了提高再贴现率的请求。

1929年4月25日下午,哈里森又一次电告普拉特,纽约联邦储备银行全体董事一致投票决定把再贴现率提高到6%,并且对普拉特说纽约联邦储备银行全体董事在等他告知联邦储备委员会的批复。普拉特大概在4:15来电表示,联邦储备委员会投票表决没有批准上调再贴现率的请求。联邦储备委员会的这次会议不同于之前举行的历次会议,因为财政部长梅隆主持了这次会议,并且在会上表明了他本人同意提高再贴现率的态度。

1929年4月26日,哈里森打电话给梅隆,先讨论了外汇状况,然后又讨论了再贴现率的问题。哈里森表明了自己主张发放信贷的立场:

"我谈到了4月26日星期四利率上涨到20%后发生的事情,并且表示我们现在的立场与之前相同,也就是说,向通知贷款市场注资或者确定通知贷款利率的问题,与纽约银行和银行家而不是与联邦储备委员会有关;我们不能要求或者建议他们在一个资金严重匮乏时期应该或者不应该减少放贷;这是纽约银行和银行家们的问题。但是,这种状况的必然结果就是:如果必要,我们就应该做好大量放贷的准备,并且给纽约各银行接收的贷款提供准备金。梅隆在电话里说,他认为这是绝对正确的立场,也是必须采取的立场。"

5月13日,哈里森和担保信托公司(Guaranty Trust Company)

总裁威廉·C.波特(William C. Potter)进行了会谈,两人谈到了1月2日银行承兑汇票再贴现率事件(哈里森得意地表示纽约联邦储备银行仍掌握着不经联邦储备委员会同意就能调整利率的权力),随后又抱怨说:"我们不但被剥夺了提高自己利率的权利,而且还要在一定程度上经受所谓的直接行动的考验。"

哈里森给波特看了麦克加拉5月10日签署的信函(是对联邦储备委员会5月1日来信的回复,G. W. 麦克加拉是纽约联邦储备银行董事局主席)的复印件。

"波特先生看了我们的回信后表示,在他看来,我们的立场完全正确;当时的局势根本不允许我们按照联邦储备委员会的建议来对待我们的会员银行;他希望我们的回信能起到让联邦储备委员会最后重新考虑这个问题从而使整个问题得到圆满解决的效果;随着事态的发展,圆满解决整个问题正在变得越来越不可能。他还说,他们显然不懂纽约货币市场的运行方式;他很高兴看到我们能够采取这样的立场。"

哈里森先是把联邦储备委员会当作全民公敌,然后又继续探讨所谓的直接行动。

"在交谈过程中,我顺便和波特先生说起了担保信托公司是联邦储备委员会在信中点名的银行之一。他听到这话就表示,他希望能跟我谈谈他们的问题,并且还说他们的困难主要是由在兼并时总会发生的存款损失造成的,而且还因为他们一些最好的客户常有大量的证券质押贷款需求……

"他在离开我的办公室时说,他希望他们能在10天或者2个星期以内还清贷款,尽管这样做对于他们来说意味着很大的损失;他也完全像纽约联邦储备银行急着想呵护曾经增长过的需求到了秋天能够有所回升。"

稍后,哈里森打电话给第一国民银行(First National Bank)的乔治·贝克(George Baker),一起讨论了第一国民银行的信贷策略。第一国民银行希望低利率,而哈里森并不希望低息政策。哈里森还因有人认为第一国民银行在"藐视纽约联邦储备银行"而感到遗憾。

哈里森还记述说:

"我表示,在我看来,像第一国民银行和纽约联邦储备银行这样有声誉和重要的机构如此明显地针锋相对,是非常不幸的事。随后,在全盘亮出我们的立场以后,我说到了暂且不论关于合法权利的观点存在什么分歧,我们明确认为,一家像第一国民银行这样的银行借了那么多的贷款,而且又拖欠那么长的时间,我们完全有权拒绝它的贷款请求;但我也清楚我们在行使权利方面存在很大的困难,我们绝不应该对我们的任何一家会员银行这样做;我也希望我们永远没有必要这样做。"

直接行动授权是明确的(尽管并没有表述得一清二楚):

"在一次讨论中,我明确告诉他,我们在过去没有而且在当时也没有要求他减少通知贷款,甚至还说到他的银行已经在不断借款,累计金额完全超过了纽约其他银行。但我仍希望他们能在合理的时间内觉得向其他银行看齐比较合适。"

1929年6月,联邦储备委员会放松(但不是放弃)了推行其直接行动的努力。米勒在1935年把1929年6月的变化说成是对直接施

压的放松:

"到了6月中旬,情况已经变得明朗,在当时已有的心理和经济状况下,继续不间断对市场施压,尤其是在财政年度临近年底主要工业企业都有大量已知财务需要的情况下,有可能加快灾难的降临。联邦储备委员会在召开了一次有纽约联邦储备银行董事代表参加的会议以后决定暂时放松但不是放弃它的'直接施压'行动。随后,情况就变得更加明朗:纽约股市达到了一个被自重压垮的程度;联邦储备系统的主要关切应该是做好准备帮助美国银行和国家及时应对即将来临的冲击。"[16]

1930年10月这一期的《联邦储备委员会公报》明确表示了1926~1930年期间流通货币量减少的态势。1926年初美国有52亿美元的流通货币,而1929年初只有51亿美元的流通货币。美国的实体经济在稳健地发展,而流通货币却在减少。联邦储备委员会之前只关注股市投机问题,但却忽略了实体经济的货币需求,并且因采取紧缩行动而遭遇了负面报道:"很多公众购买兴趣受到的抑制可归因于信贷形势和联邦储备委员会政策的不确定性。"[17]

1930年9月,杨辞去了联邦储备委员会主席年薪12 000美元的职务,而接受了波士顿储备委员会(Boston Reserve Board)主席年薪30 000美元的职位。联邦储备委员会其他成员每年能领到10 000美元的薪水。虽然年薪10 000美元的职位对于1929年非常成功的商业人士来说并非很有吸引力,但却是一个非常诱人的政治回报(一份有12年保障并且很可能获得重新任命的工作)。

首届联邦储备委员会成员、非常成功的投资银行家保罗·M.沃

6 纽约联邦储备银行与联邦储备委员会之间的争执

伯格(Paul M. Warburg)对联邦储备委员会的职位做了如下描述:

"没有人想在这个困难时期嫁祸于任何参与改变美联储政策的个人。毫无疑问,每个人都想把自己最好的知识和能力贡献出来,而且,越是认识到自己责任重大的人,当然越有可能固执己见。但不管怎样,事实仍然是:面对最危急的形势——对于联邦储备系统来说可能是从未遇到过的最严峻形势,我们发现联邦储备委员会内部出现了很大的分歧,并且没有能力就某项明确、有效的计划达成一致。我们发现这届联邦储备委员会就如传闻所说的那样,与主要联邦储备银行不和,不采纳咨询委员会的建议,并且总是毫不犹豫地否决几家涉事联邦储备银行提出的加息申请。"

沃伯格曾建议联邦储备委员会在 1929 年初调高利率,但他发现有人希望联邦储备委员会尽量减少对市场的控制。[18]

在 1928 年和 1929 年整整 2 年的时间里,无论是联邦储备委员会还是纽约联邦储备银行都积极采取行动抑制股票投机。事实上,"毫无疑问,1928~1929 年间,抑制股市暴涨的意愿即使不是影响美联储行动的一个主要因素,也是影响美联储行动的一个重要因素。美联储的这些行动都明显没能阻止股市暴涨,但却对经济持续施加了紧缩性影响"。[19]

1929 年的悲剧就在于美联储只关注股市投机,而没有关心实体经济。

1929 年 8 月 2 日,哈里森参加联邦储备委员会召开的会议,并且在会上再次建议把再贴现率提高到 6%。哈里森受权邀请各联邦储备银行行长于 8 月 7 日到联邦储备委员会参加会议。8 月 9 日,纽约联邦储备银行全体董事投票通过了把再贴现率调整到6%的决议。这次，联邦储备委员会终于批准了纽约联邦储备银行董事局的这项决议。纽约联邦储备银行与联邦储备委员会之间的主要分歧终于得到了弥合。不久，又会有一些重要的实际问题需要它们去关注。

股市高价位并没有殃及美国的繁荣。由于预期美国经济有光明的未来，因此，股市高价位可以说是事出有因。但是，联邦储备委员会旨在打压股价的行动以几乎预料之外的方式毁灭了美国的繁荣。

附录1

致各联邦储备银行董事局主席的信

1929年2月2日

货币市场自年初以来显而易见的坚挺走势——与往年这个季节的常规走势不同——使得各联邦储备银行有责任持续、密切关注货币市场的形势，以免资金状况的发展趋势超越所谓的不可避免程度而对我们国家的工商业产生负面影响。

证券投机贷款在大量吸纳资金，根据联邦储备委员会的判断，在过去的一年或者更长的时间里已经成为信贷变化的一个特点，因此应该予以特别的关注，以防止这个问题成为导致有损于我国商业利益的利率进一步上涨的决定性因素。

联邦储备系统只要对自己的资源进行全面管理，并且防止它们流入《联邦储备法案》没有事先规定的用途，那么就有充分的资源来满足我们国家经济发展所需的信贷需要。

在联邦储备委员会看来,《联邦储备法案》事先没有想到联邦储备银行动用资源来扩大投机信贷的情况。会员银行无论是为了发放投机贷款还是维持投机贷款而求助于联邦储备银行的再贴现便利,都不属于合理要求。

只要会员银行的贷款业务不关涉联邦储备银行,联邦储备委员会就无意越位僭权干预会员银行的贷款业务。但不管怎样,一旦有证据表明会员银行借助联邦储备信贷来维持其证券投机贷款业务,联邦储备委员会就有责任进行干预。在会员银行借助联邦储备信贷来维持其证券投机贷款业务的情况下,联邦储备银行就会成为现有证券投机信贷规模的促进或者维持因素。这种状况不符合《联邦储备法案》的立法初衷,也不应该影响我们国家银行和信用体系的健康运行。

联邦储备委员会希望您能把此信传达到贵行的各位董事,以便他们知晓本委员会对目前形势和各联邦储备银行管理层遇到的问题的态度。本委员会希望各联邦储备银行管理层能够回答以下三个问题:(1)如何保证自己始终了解会员银行的贷款使用情况;(2)采用什么方法来保护自己所在联邦储备银行不受会员银行不当使用信贷便利的影响;(3)监管效果如何。

本委员会已经认识到,由于证券投机贷款吸纳了过多的资金,因此,解决保护信贷形势不出现紧张状况的问题会遇到不少困难。本届委员会同样认识到,在目前的信贷形势下有些元素并不方便采用一些公认的银行业监管方法。然而,本委员会相信,无论多么困难,我们总要更加全面地应对问题；现有状况是可以改善的。

联邦储备委员会恭候贵行全体董事对此信的回复，并且希望此信能立刻引起贵行全体董事的关注，以便尽早收到他们的回复。

联邦储备委员会办公室

附录 2[*]

皮克拉(Pecora)先生："您是否还记得，与此同时，纽约国民城市银行以16％或更高的利率把 2 500 万美元注入了通知贷款市场？"

米切尔先生："记得，阁下。"

皮克拉先生："您是否知道，此举会被视为藐视联邦储备委员会提出的警告？"

米切尔先生："是的，某些方面会这样认为。"

皮科拉先生："您是说某些责任方？"

米切尔先生："是的，阁下。"

皮克拉先生："换句话说，就在联邦储备委员会准备踩刹车抑制通货膨胀时，纽约国民城市银行把 2 500 万美元注入通知贷款市场，从而导致联邦储备委员会的措施失效。"

米切尔先生："皮克拉先生，这一点我不能接受。"

皮克拉先生："很好。你们这样做难道不会对联邦储备委员会当时提高再贴现率所期待的结果产生反向影响？"

---

* 美国参议院银行与货币委员会下属的一个小组委员会召集的 1933 年证券交易所行为听证会证词节选。

米切尔先生:"我想不会。实际情况——既然您问到这个问题,我想我就应该获准回答这个问题——是这样的:我们根本就没有向联邦储备银行借钱。联邦储备委员会的警告是针对那些借用联邦储备信贷支持投机的银行的。我们没有借用联邦储备信贷支持投机。借用联邦储备信贷支持投机的做法当时在纽约十分流行,而我们没有向联邦储备银行借一分钱,也没有通过再贴现来融资,我们手中有大量的政府债券以及可向联邦储备银行申请再贴现的合格贷款。就像我说的那样,到了无钱可贷时,钱终有一天会流入股票交易所。

"据我所知,当时利率上涨到了15%或者16%。我们就在这个时候采取行动缓和了正在成为资金恐慌以及合法借款人借不到钱履行他们日拆合同的状况。"

(删节了部分证词)

参议员布鲁克哈特(Brookhart):"这些合法借款人都是些什么人?是不是投机者?"

米切尔先生:"不是。他们就是必须履行隔夜到期合同的经纪人。我们就借钱给……"

布鲁克哈特先生:(插话)"是投机交易合同。是投机交易的一种,难道不是吗?"

米切尔先生:"那不是用于支持投机交易的合同,而是用于防范一夜之间就会突然发生的资金恐慌的合同。我们去联邦储备银行只待了2天。请问我能否利用这次机会念一段我们的简报?这段文字与1929年3月发生的事情有关。要不了很多时间。但4天以后……"

皮克拉先生:(插话)"哪天以后的4天?"

米切尔先生:"我们发放贷款那天以后的4天。我想,我们大约是在1929年3月26日或者27日放贷的。那个月的简报是4月1日出的,我来念下面这一段落:

'在3月的最后一个星期里,这些大额信贷需求,包括结转缴纳所得税和准备季度股息和利息支付有关的差额在内,一起从纽约通知贷款市场抽走了大量的资金,结果导致同业拆借资金短缺,把利率抬高到了20%,并且导致股市做出急剧反应。纽约国民城市银行及时采取的行动,为呵护市场需求而自告奋勇提供资金,不管怎样为防范任何对资金恐慌的担心做出了贡献。

'纽约国民城市银行完全认识到过度投机的危险,并且支持联邦储备当局制止投机信贷过度扩张的行动。与此同时,银行业总体而言,或许也可以把各家去年主要执行温和政策的联邦储备银行包括在内,都希望避免一场譬如说有可能对经济造成灾难性影响的证券市场大崩盘。

'从过去几天资金产生作用的方面看,危机显然已经过去,而这个事件本身简直就是一本无法读懂的天书。但与此同时,很遗憾,本银行在紧急关头采取的任何行动应该促成了我们反复表达的关于信贷结构过度扩张的观点已经发生变化的看法。

'信贷已经获得了最不寻常的扩张,这已经是一个被普遍接受的事实,而导致信贷如此扩张的最重要因素是所谓的投机贷款这一点也必须并且已经得到认同。

'随着这场危机的过去,我国人民应该完全能够普遍接受劝告:

多观察信贷结构状况,主动关注在自己的贷款账户中多留保证金,不要过分依赖借入资金.'"

皮克拉先生:"米切尔先生,现在已经清楚,这次信贷结构扩张,就如这份简报所说的那样,难道不是主要由 1929 年 3 月之前两三年里股市投机规模空前造成的?"

米切尔先生:"信贷结构扩张是过度投机发展的结果。"

参议员布鲁克哈特:"如果你们银行当时撒手不管,任凭股市崩盘,那么就能保全后来投资股市的股民成千上万的美元,阻止他们买进股票,而股市崩盘也不会导致那么多买盘变成了亏损盘。这难道不是事实吗?"

米切尔先生:"我不相信任何有能力阻止资金恐慌的人会去承担目睹资金恐慌发展不管的责任。"

参议员布鲁克哈特:"这是因为我们的金融体系哪里出了问题,没人出来阻止投机。"

米切尔先生:"本人也许是一个很差的银行家,但只要我还在银行业工作,并且能够发现防范资金或者信贷恐慌的方法,那么一定会尽力阻止恐慌的发生。"

参议员布鲁克哈特:"你对事态的扩大并且一直持续到 10 月 25 日起到了推波助澜的作用。当时,你并没能阻止住事态的发展。"

(删节了部分证词)

参议员弗莱切(Fletcher):"我记得,10 月股市市值大约缩水 2 500 万美元,证券价格如此大跌难道还不是大……"

参议员布鲁克哈特:(插话)"难道还算不上大崩盘?"

参议员弗莱切:"如果崩盘发生在 3 月,难道也会这么严重? 如果崩盘发生在 1929 年 3 月,情况又会怎样?"

米切尔先生:"由于那只是一次就其性质而言规模不大的银根紧缩,银行家不会任凭恐慌发生。证券价格高企,投机者和投资者到处借钱,而且大大超出他们应借的数额,这就是一个我们大家应该重视的事实,也是我们正在努力宣传需要防范并且教育普通公众予以关注的事实。"

参议员布鲁克哈特:"而你做这事采取的方法就是借更多的钱给他们,这就是它的意义。"

米切尔先生:"当然。您从与我不同的角度看待这件事。我纯粹把它看作一种货币性资金紧缩,一种任何对公众有责任心的银行家只要不超出自己的能力范围都应该阻止的货币性资金紧缩。"

(删节了部分证词)

委员会主席:"米切尔先生,你说你阻止了一次资金荒的发生,因此,证券交易所运行顺畅。你还说,在那个特定时间里,你觉得股价很高。我是否可以问你,在——有些股票难道不是有过那么 3~4 次——下跌之前,股价还能涨多高?"

米切尔先生:"噢,我想不会再涨。"

委员会主席:"在你和联邦储备委员会存在政策分歧的时期与股市崩盘之间,普通股民赔了不少钱?"

米切尔先生:"参议员诺贝克(Norbeck),从根本上讲,我们并没有政策方面的分歧。我想,这里面有误会,原因是一家纽约报纸那天晚上采访我的记者报道有误,他把我引用别人的话当作我的讲话。

采访结束后,他试图记住我讲过的我们采取行动的理由,而且把这说成是藐视联邦储备委员会。其实,我根本就没有讲过这话。"

委员会主席:"参议员格拉斯多次提到你讲过让联邦储备委员会见鬼去吧。难道不是这样?"

米切尔先生:"参议员格拉斯当时就是采取那种态度,而且那并不是我说的话,而是报纸的报道大做文章。我并不是……"

(删除了部分证词)

委员会主席:"他们一遇到资金荒就求助于你,并且说你采取了反向行动,但你却否认此事。"

米切尔先生:"我怀疑纽约联邦储备银行会支持那种观点,我们的银行当时所做的事难道违背了他们想做的事的精神,我是想让会员银行经营好自己的业务。"

委员会主席:"我发现,你很注意自己的措辞,你没有说'联邦储备委员会',而是用了'纽约联邦储备银行'。"

米切尔先生:"我不能代表联邦储备委员会讲话。"

委员会主席:"但是,联邦储备委员会是联邦储备系统唯一一个其行动与此事有关的联邦储备机构。除了你以外,没人提到过纽约联邦储备银行采取的行动,而且你还说你非常怀疑他们会支持那种观点,我是说联邦储备委员会支持某一特定的观点。"

米切尔先生:"是的。但是,他们仅限于通过监管我们区的联邦储备银行来表达他们的观点。我们与联邦储备委员会没有直接的接触,您应该记住这一点。"

委员会主席:"可我越来越觉得联邦储备委员会完全受纽约的影

响。我还知道,这种情况有增无减。"

注释:

1. M. Friedman and A. J. Schwartz, *A Monetary History of the United States*, 1867—1960 (Princeton: Princeton University Press, 1963), p.241.

2. B. Strong as quoted in L. V. Chandler, *Benjamin Strong, Central Banker* (Washington, D. C.: Brookings Institute, 1958), p.427.

3. A. C. Miller, "Federal Reserve Policies: 1927—1929," *American Economic Review* (Sept. 1935): 447—448.

4. Ibid., p. 454.

5. William Hard, *World's Work* (June 1929): 48.

6. Quoted in "Behind the Scenes with the Federal Reserve Board," *World's Work* (June 1929): 49.

7. Herbert Hoover, *The Memoirs of Herbert Hoover* (New York: Macmillan, 1952), pp.10—14.

8. Miller, "Federal Reserve Policies," pp.453—454.

9. William Allen White, *A Puritan in Babylon*, 1939, p.370, as quoted in Chandler, *Benjamin Strong*, p.443.

10. Chandler, *Benjamin Strong*, p.465.

11. 米勒和哈姆林的想法在下面哈姆林的记述(2月11日)中得到解释:"米勒提醒我说,诺曼行长在和我们一起用午餐时表示,他顺便到访的目的就是向纽约联邦储备银行哈里森行长表示敬意——根本没有提及联邦储备委员会主席杨!"诺曼前往华盛顿,仅仅是因为哈里森极力建议他这么做。

12. Miller, "Federal Reserve Policies," p.456.

13. Friedman and Schwartz, *Monetary History* (Princeton: Princeton Univer-

sity Press, 1963), p.260.

14. Cited in Hoover, *Memoirs*, pp.18—19.

15. Committee on Banking and Currency, *Stock Exchange Practices* (Washington, D.C.: U.S. Government Printing Office, 1934), p.18.

16. Miller, "Federal Reserve Policies," p.456.

17. E. K. Burger and A. M. Leinbach, "Business," *The Magazine of Wall Street*, June 15, 1929, p.289.

18. P. M. Warburg, *The Federal Reserve System: Its Origin and Growth* (New York: Macmillan, 1930), pp.512—514. Ex-Senator Owen, one of the framers if the act establishing the federal reserve system, was one of the proponents of this position.

19. Friedman and Schwartz, *Monetary History*, p.290.

7

1929年股票市场的跌宕起伏

据说,有人问牛顿怎么看股市走势,得到的回答是:他能计算人体运动,但无法计算股民的疯狂。

——约翰·卡斯维尔(John Carswell)的《南海泡沫事件》
(*The South Sea Bubble*)

1928年年初,道琼斯工业股平均指数只有203点,而年底报收于300点——涨幅48%[1],这也是1928年的最高点。进入1929年以后,纽约股市继续上行,8月30日已经上涨到了380点——1929年前8个月上涨了27%。这个时期,市场担心过度投机的情绪也日益显现。

财政部安德鲁·W.梅隆虽然能平和地看待股市,但最终在1929年3月也表示,"对于谨慎的投资者来说,现在已到了购买债券的时候"。[2] 梅隆在私下里明确表示投机已经过度,但在公开场合——除了提一些投资建议外——表现仍十分平静。

然而,《纽约时报杂志》(New York Times Magazine)声称,安德鲁·卡内基(Andrew Carnegie)在他坚持认为买入债券,而不是普通股时,"在把卡内基钢铁公司(Carnegie Steel Corporation)的工厂卖给美国钢铁公司(United States Steel Corporation)时犯下了市场史上最严重的错误之一"。[3] 如果卡内基在美国钢铁公司股价最高的时候把工厂卖掉,那么就犯了错误;如果等到股价下跌,那么就做了一件聪明的事情。

1929 年 7 月,《商业与金融纪事报》(Commercial and Financial Chronicle)报道,不但股票,而且纽约的不动产也分享到了繁荣的好处。虽然该报报道了在过去的 12 或者 18 个月里不动产价格上涨了 1 倍乃至 2 倍,但由于大兴土木而培育了可租用房屋供给过剩这个幽灵。据当时的一位不动产专家估计,曼哈顿主要中心区域有 225 万平方英尺没租出去的办公楼,而且在以后的 12 个月里还有 600 万平方英尺的办公楼开盘。

1929 年 8 月 3 日的《商业与金融纪事报》令人震惊甚至恐惧地报道了经纪人贷款大幅增加,并且表示"有数据表明,最坚定的乐观者也会停下来细想是否继续随波逐流"。[4] 该报援引了纽约联邦储备银行的相关数据,这些数据表明经纪人贷款已经从 1928 年 8 月 1 日的 42.59 亿美元增加到了 1929 年 8 月 1 日的 59.6 亿美元。更加令人印象深刻的是,纽约证券交易所在 1929 年 7 月 31 日公告了 74.74 亿美元的经纪人贷款,而在 1928 年 7 月 31 日只报告了 48.38 亿美元——54%的增幅。同一期的《商业与金融纪事报》刊登了以下这篇关于那一周股市表现的新闻报道:

"星期二,'美国钢铁'开始了新一轮的上涨行情,并且带动大盘上扬,导致空头回补,当然促进了大盘反弹。事实上,'美国钢铁'在那天创下了年度新高。星期二收市后,美国钢铁公司发布季报,非常利好,以至于市场出现了各只钢铁股的大量买盘。在各钢铁股咄咄逼人的上涨趋势推动下,不难预见股市将全线飘红。"

1929年8月,支撑股市的基本面仍然表现强劲,但受到的关注度已经开始不及经纪人贷款的增长势头和"过度投机"。

B. C. 福布斯(B. C. Forbes)很好地说明了精确预测的困难和书面发表明确预测的愚蠢:"联邦储备委员会的立场出现了明显的变化,以至于没人再议论5%的再贴现率将被调高的事。给人的感觉是利率从现在到年底将明显走低。"[5]

7月,银行承兑票据再贴现率已经下调到了5.25%,而在8月市场贴现利率涨到6%时,银行承兑票据再贴现率又进一步下调到了5.125%。联邦储备委员会很可能认为,银行承兑票据融通的资金都流向了实体经济,而证券再贴现融通的资金则全流入了证券交易。其实,1929年应该调高再贴现率的形势并不明朗,但历史表明,1929年8月调高再贴现率已经为时太晚。

《华尔街杂志》在再贴现率被调高到6%以后报道称:

"股价突然大跌,就像股价在市场面对意外负面消息时总会出现的表现那样。但在经历了第一波冲击后,大部分股票在'投资股'的带领下收复了失地,而之后市场的表现几乎就像之前什么也没有发生过那样。"[6]

8月8日星期四,纽约联邦储备银行把再贴现率从5%提高到了

6%,而这次调整再贴现率早在2月份就提出了申请,最后终于获得了联邦储备委员会的批准。8月8日星期四,纽约股市成交280万股,而星期五成交量猛增到了500万股。8月10日,《商业与金融纪事报》报道称,"纽约股市昨日大幅下挫"。[7] 值得注意的是,交易所通知贷款星期一以10%的利率展期,而市场利率在星期五调高以后才达到8%。8月19日,股市重又反弹。

8月24日,《商业与金融纪事报》报道称,再贴现率的提高并没能抑制股票投机,股市迎来了新一轮的上涨行情,而空头情绪在这波多头行情中被吹得烟消云散。

"市场情绪再度高涨,并且认为股价会无限上涨。相同的故事日复一日地在重复,而股价引人注目、令人兴奋的上涨已经成为一种常态。在1年多的时间里,联邦储备委员会的政策目标就是防止银行信贷进一步流入投机渠道。这个政策目标是否已经实现,或者说,提高再贴现率这一措施——顺便说一下,这个措施早就应该采取——是否促进了这样一个结果的产生?这个问题的答案可在经纪人贷款的变化过程中找到,这种贷款总额周复一周,不断创下新高,中间只出现过偶然中断的间歇。最近,经纪人贷款总额的增长率甚至还在继续上涨。"

8月31日,《商业与金融纪事报》报道称,股价几乎在不间断地上涨,并且创下了许多年度新高。通知贷款利率已经涨到了9%,但这似乎并没能阻止股市上涨。如果投资者认为股价将1年上涨40%,那么,9%的年度成本并不能阻止投资。

进入8月以后,美国中部和西部遭遇了一股热浪的袭击。纽约的气温达到了 97 华氏度,而纽约就成了一只烤箱,有人也许已经感觉到 9 月股市要崩盘。

9月4日,罗杰·W. 巴布森(Roger W. Babson)在马萨诸塞州巴布森公园召开的国家商务会议(National Business Conference)上发表讲话。他坚持认为,"强制会计(forced accounting)很可能是导致当前繁荣期延长的最主要因素"。[8] 他提醒企业经营者注意自己的行为,多听会计人员的建议。不然,结果可能就是遭遇严重的商业萧条。他警告说,借钱投机可能会闯祸。市场几乎没有关注巴布森的悲观情绪。9月7日,道琼斯工业股平均指数涨到了 381.44 的高点。

巴布森讨论了投资前景问题,并且指出了两种持续支持股市走高的因素:外国买盘和投资信托。据他预测,股市在大涨以后迟早会大跌,就像佛罗里达房地产繁荣那样。他的这一预测受到了媒体的广泛关注。巴布森早已预见到了股市大跌或者崩盘,但几乎没有引起市场的注意。

巴布森提出的基本投资建议不但适用于 1929 年,而且也适用于现在:

"我们建议投资者始终应该持有一定比例的股票、一定比例的债券和一定比例的流动性资产,以便及时利用特殊机会。因此,今天我建议你们,与其试图猜测市场的未来走势,还不如保持一种无论发生什么情况都能安全应对的状态,一种一有便宜货出现就能趁机买进的状态。"

耶鲁大学的欧文·费雪回击了巴布森的世界末日式预测。他以一个无懈可击的开场白开始了他的讲话,费雪承认"股价可能会下

跌",但表示不会发生任何崩盘性质的事情。随后,他开始说明自己持这种观点的理由:

"目前股价的高位和股息回报的相对低位在很大程度上是由两个因素造成的。

"一是预期在不远的将来有很可观的股息回报;二是投资信托使得投资者能够做到投资多样化,而投资者通过投资多样化可大大降低投资风险。"[9]

费雪看好股市,但《环球晚报》(Evening World)站在巴布森一边:"因此,我们不得不认为他对投资者的建议比费雪教授的建议更加明智。"

9月14日那天的《商业与金融纪事报》暗示,经济已经呈现出疲软的迹象,不过,这种疲软迹象还不严重:

"有很多事实表明,美国钢铁公司星期二发布的季报显示,8月子公司账簿上高达429 966吨的未完成订单总量有所减少,或者减幅远超过一般预期。不过,未完成订单总量减少的确切意义仍有待观察。如果这也许意味着很久以来已成为钢铁交易特点的活跃程度的下降,这种下降本身并没有任何特别的危害作用,并且还有它的补偿性好处,那就是允许工厂对高炉和轧机进行那么需要但又拖延了那么久的检修。很多星期以来,美国钢铁公司的工厂超理论产能生产。即使目前,根据本周这期的《铁器时代》(Iron Age),该公司的工厂都是按91%的产能在运行。即使在我国最近经历的经济高涨时期,这也是相当好的产能利用率。"

这一期的《商业与金融纪事报》仍把股市投机认定为头号问题。

"在目前这样一个时期,没有再比疯狂的股市投机继续下去更加有害的东西了,因为如果不加制止任其发展下去,真会导致严重的威胁。目前,过度投机行为正在得到纠正的事实还是非常令人欣慰的。"

当时的观察家们认定股价上涨是过度投机的结果,但没能注意到经济基本面状况可以解释股价上涨。

9月21日那期的《商业与金融纪事报》预测股市濒临崩盘,并且把股市崩盘归咎于证券投机和证券价格膨胀。

贷款资金从美国其他地区流向纽约的规模令人印象深刻,把通知贷款借给证券经纪人能够获得的高回报率难以抵抗,而且发放这种贷款几乎没有违约风险:

"我们的会员都在取走他们的存款,因此,我们已经没有资金发放住宅建设贷款。"伊利诺伊州一个住房贷款协会的主席如是说,而其他数以千计的住房贷款协会官员也有同感。"会员们提款的原因就是华尔街,"这个伊利诺伊州人继续说道,"我们的资金都进了股市或者变成了经纪人贷款。5%的回报率与华尔街有绝对安全保证的6%~20%的回报率,或者投机的诱惑和投机对胆大的金钱回报何者胜率更大?只有第二抵押权和第三抵押权的贷款收益能与股市投资回报相媲美,而第一抵押权的贷款资金是不会流入股市的。"[10]

表7.1列示了纽约证券交易所报告的1929年经纪人贷款。如表7.1所示,经纪人贷款额从1月到9月增加了27%;纽约本埠银行发放的经纪人贷款增长了25%,而"其他贷款人"发放的经纪人贷款则增加了37%。

1929年股票市场的跌宕起伏

表 7.1　　　　　　纽约证券交易所报告的经纪人贷款

	经纪人贷款总额	纽约银行和信托公司发放的经纪人贷款	私人银行、经纪行、外国银行机构等发放的经纪人贷款
	1929 年	1929 年	1929 年
1 月底	6 735	5 664	1 071
2 月底	6 679	5 619	1 060
3 月底	6 804	5 713	1 091
4 月底	6 775	5 580	1 194
5 月底	6 665	5 482	1 183
6 月底	7 071	5 797	1 275
7 月底	7 474	6 154	1 320
8 月底	7 882	6 492	1 390
9 月底	8 549	7 077	1 472
10 月底	6 109	5 313	796
11 月底	4 017	3 432	585
12 月底	3 990	3 370	620

注:即期和定期贷款净额;单位:百万美元。

资料来源:根据 The Federal Reserve Bulletin(Oct. 1990)第 621 页上的表格改编。

1929 年 10 月 1 日这一期的《福布斯》发表长文介绍了巴比·鲁斯(Babe Ruth)如何拿自己的钱做投资。鲁斯大约花 15 万美元购买了信托基金,每年有 12 000 美元的回报。[11] 设立投资信托以后,鲁斯就不能提取本金(据鲁斯自己说,他有一次去古巴玩赛马输了 10 万美元)。鲁斯把自己的薪水都花了,只是把隐性收入投入了信托。这篇文章没有交代这个信托的投资组合,但信托投资目前8%的收益率很可能比不上普通股的收益率。

1929年英格兰的哈特利(Hatry)事件促成了后续事件的发展。

克拉伦斯·哈特利(Clarence Hatry)是英格兰一名杰出的金融家,他有一家以他的姓氏命名的公司。1929年夏天,它的金融帝国崩溃,留下了以他的公司作抵押的6 750万美元无担保债务。据说,哈特利和他的合伙人用伪造股票充当贷款质押品。

哈特利一家人住在一栋有9个卫生间和一个楼面游泳池的宅邸里,哈特利还有一艘豪华游艇。为了维持这种生活方式,他从自己的客户那里借钱,并且用从其他客户那里借来的钱向他们支付高额利息。这是一种经典的"庞氏骗局"。庞氏先生用新投资者所投的资金支付老投资者,哈特利就是这么做的。哈特利破产以后,投资者们被迫抛掉了手中的美国股票,然后把资金从美国撤回英格兰偿还债务。虽然不能确定这一事件是否实际触发了纽约股市的10月崩盘,但导致美国投资者焦虑不安是确定无疑的。

9月28日的《商业与金融纪事报》报道说,英格兰银行把它的再贴现率从5.5%提高到了6.5%。欧洲投资者大肆参与纽约市场(通知贷款的利率高于6.5%)。纽约的很多投资者担心资金撤离纽约证券交易所流回伦敦,因为伦敦的利率高于纽约的股息收益率。

9月中旬,纽约股市报收于343.45点——从9月的高点386.10下跌了10%。

在从10月21日开始的这个星期里,股价出现了第一次大幅下挫,大盘星期一报收于320.91点,星期二报收于326.51点,星期三又报收于 305.85 点。10 月 24 日黑色星期四,大盘出现了 272.32 的低点,但后市表现并不太坏,大盘报收于 299.47 点。星期五和星期六,大盘保持稳定。10 月 28 日星期一,大盘跌到了 256.75 的低点。10 月 29 日黑色星期二,大盘在 212.33 点上创下月度最低点。从 358.77 点的月度最高点到 212.33 点的月度最低点,大盘指数下跌了 41%,而从 8 月 30 日曾经达到的 380 点上下跌了 44%。

10 月 26 日的《商业与金融纪事报》发表了欧文·费雪 10 月 21 日的讲话。费雪的观点是:即使在 8 月的峰值上,股票也只是以相当于总收益 13 倍的价格出售,而上年 8 月则以相当于总收益 14 倍的价格出售。在费雪看来,股票定价太低,而不是太高。10 月 23 日,费雪还在华盛顿特区发表讲话表示,股市下跌只是暂时现象。

10 月 24 日,美联储主席杨宣布,纽约的银行承兑票据贴现率调低到 5%,但在再贴现率方面没有采取任何行动。同日,胡佛总统表示,美国经济健康、基本面基本向好。罗杰·W.巴布森预见到了股市量缩价跌有序下行的趋势。10 月 26 日的《商业与金融纪事报》认为,股市下行"在所难免"。

10 月 16 日多达 68 亿美元的经纪人贷款,到了 11 月中旬已经减少到了 36 亿美元,而通知贷款的利率也下降到了 3%。[12]

为了激活市场人气,一些机构和上市公司也采取了一些行动:美国钢铁公司和美国罐头公司都公布了增派股息的消息;英格兰银行把自己的再贴现率从 6.5% 调低到了 6%;11 月 21 日,纽约联邦储备银行把再贴现率从 6% 下调到了 5%(其他 11 家联邦储备银行也把再贴现率下调到了 5%)。值得关注的是,《商业与金融纪事报》对此举提出了质疑,因为当时的最大担心仍是投机热死灰复燃。

纽约联邦储备银行通过公开市场业务,分别在1929年10月和11月买进了1.6亿和2.1亿美元的政府债券。[13]这些行动至少方向是正确的(但力度太小,不足以产生显著影响)。

到了10月底,纽约股市大盘指数反弹到了273.51点,11月又下跌到了238.95点,但在12月有所恢复,并于年底报收于248.48点(12月曾达到267.56的高点)。由于年初道琼斯指数为300点,因此,大盘市值从年初到年底已经缩水17%。

《华尔街杂志》载文估计,1929年10月,纽约股市损失市值500亿美元。确切地说,"有形财产总额没有遭到任何损失,而第一次世界大战耗费了我们价值200亿美元的有形财产"。就连美国电影中的一句最著名台词也预见到了这种情况。在表示了"想象力在美国永恒不朽"之后,文章以"明天又是崭新的一天!"结束。玛格丽特·米切尔[(Margaret Mitchell)或者斯嘉丽·奥哈拉(Scarlett O'Hara)]能看到这期《华尔街杂志》吗?[14]

投资信托

在纽约股市上涨行情的后期,投资信托成了一种很受欢迎的投资工具。投资信托提供了专业的管理服务,但更重要的是,能够实现成本相对较低的投资多样化。遗憾的是,我们没有任何能够防范股市崩盘和100%投资股市的多样化手段。10月的股市崩盘涉及面太广,而多样化并不能给投资者带来很多的安慰。

典型英式投资信托基金权益投资者的遭遇甚至还不如美式投资信托基金的投资者，英式信托通常含有很大比例的公司债券和优先股。股市和普通股或者发起人股的小幅下跌就会造成很大的损失；而出现更大幅度的下跌，优先股的价值就可能消失殆尽。公司债券持有人总能有所收获（但不一定是合同规定的金额）。

虽然美式投资信托可以借钱，但大多并不这样做。很多投资信托把资金投在通知贷款市场上，因此赚到了基本上没有风险的高回报。

有些分析师把股市上涨归因于投资信托的存在。这种可能性非常小，但投资信托很可能是促进股市上涨的积极因素，因为它们的存在相对而言能鼓励厌恶风险的投资者进入市场。

约翰·肯尼斯·加尔布雷思详细讨论了投资信托。[15]他集中考察了高盛贸易公司(Goldman Sachs Trading Corporation)。高盛贸易公司是一家由高盛公司(Goldman, Sachs and Company)在1929年12月以投资者每股支付104美元的形式组建的投资公司，这家公司的投资杠杆倍率很高。在股市连续下挫以后，这家公司的每股市值跌到了1.75美元，这也反映了高倍率投资公司股价在跌市中的命运。

哈佛大学的W. Z. 里普利(W. Z. Ripley)对投资信托的业务进行了值得关注的评论：

"投资信托计划的一个主要缺点就是，由于总是以某种方式与银行机构——银行或者经纪公司——联系在一起，因此，可以这么说，投资信托给人以很大的诱惑，投资者都把它们当作盛放不能成功地交到公众手中的东西的'废物箱'。我已经见到这种事情发生过很多次。"[16]

投资信托就其帮助普通投资者实现投资多样化而言是一个很好的创意,但在实施过程中会出现重大失误。

当能知道未来时

欧文·费雪的学术成就令人印象深刻,他也有充分的理由在 1929 年认为股票没有被高估。因此,他在 1929 年 11 月写道:"股市很快就能收复其一大部分失地""经济形势一片大好。"[17]可是,他忽略了无论是股票之间的多样化还是股票与其他资产之间的多样化的功效。他当然会觉得他能基于逻辑推理来预测未来。不过,他错了。他的儿子写道:

"我问他卖掉一些我手中持有的雷明顿·兰德公司股票进行多样化是否合适,他在加利福尼亚发电报给我的答复反映了他当时的想法:

"'建议你把手中一半的股票作为质押物贷款,并且用贷款资金买进更多的股票。半年或 1 年以后,你就能按大幅上涨后的股价卖掉手中的筹码,然后再进行多样化。'

"我没有采纳他的建议,但是,如果我们严格按照他的建议操作,那么,我们每个人的遭遇就会有很大的改观。在股市高涨时期的峰值上,按照家父的意思,可以卖掉充分多的'雷明顿·兰德'股还清全部银行贷款,手中仍保留 800 万~1 000 万美元的净头寸。但是,我们得等待不能确定的股价上涨(结果一直没有出现),并且把本钱赔个精光。就在股市崩盘前,'雷明顿·兰德'每股卖58美元,1年后仍值28美元。这些价格与这只股票价格跌到1美元时的终极最低点相比看起来还是一些令人头昏眼花的数字。"[18]

1928年11月17日

表7.2列示了1929年10月纽约股市普通股价格下跌、从1929年11月到1930年4月部分复苏和随后重新下跌的状况。请读者注意,与1929年相比,高信用等级债券和优先股价格在1930年实际有所上涨。

表7.2　　证券价格变动状况(1925年为100)

年份或月份	债券	优先股	普通股 总计	工业	铁路	公用事业
发行次数	60	20	404	337	33	34
1929年8月	95.0	126.3	218	210	165	304
9月	94.8	126.8	225	216	168	321
10月	95.1	126.4	202	194	157	277
11月	95.7	123.9	151	145	135	195
12月	96.5	126.4	154	147	136	201
1930年1月	96.5	126.5	156	149	137	209
2月	96.4	126.9	166	156	143	231
3月	97.8	127.8	172	163	143	242
4月	97.9	128.2	181	171	142	264
5月	97.9	127.6	171	160	136	250

续表

年份或月份	债券	优先股	普通股			
			总计	工业	铁路	公用事业
6月	98.2	126.8	153	143	125	224
7月	98.7	125.9	149	140	124	215

注:标准统计公司(Standard Statistics Company)指数;月度数据是每周数据的平均数。

资料来源:根据 The Federal Reserve Bulletin(Oct. 1990)第 622 页上的表格改编。

《斯姆特—霍利关税法案》

J. 万尼斯基(J. Wanniski)较有说服力地辩称,"1929 年股市崩盘和大萧条之所以相继发生,是因为 1930 年通过了《斯姆特—霍利关税法案》"。[19]他还理由比较充分地指出,这部关税法案较之于触发股市崩盘,更加有助于引发并延长之后发生的萧条。1929 年的财经报刊没有对外贸问题予以应有的关注,而事实是:1929 年,这部关税法案对于财经新闻媒体来说并不是一个重大问题,而且不可能对股市价格产生显著影响。

虽然这部法案于 1930 年 6 月 16 日经总统签署成为法律,但是,万尼斯基认为,"股市已经预期到这部法案会获得通过,并且在 1929 年 10 月的最后几天崩盘"。[20]但不管怎样,即使在从 1929 年到 1930 年 4 月这个《斯姆特—霍利关税法案》获得通过的可能性更加明显的时期里,股市仍然出现了反弹行情。

1929～1932 年的股市崩盘

虽然当时美国经济的基本面相对比较健康,但是,从 1929 年 10 月 24 日开始的股市崩盘是实实在在的事情。我们知道,在一个从 1929 年 10 月开始的四年期里,纽约股市损失了 70% 以上的市值。从 1929 年 9 月 1 日的高点到 1932 年 7 月 1 日的低点,股票市值蒸发了 82.6%。

1929 年 9 月 1 日,纽约证券交易所的上市股票总市值是 897 亿美元,但到 1929 年 11 月 1 日已经减少到了 718 亿美元。到了 1932 年 7 月 1 日,纽约证券交易所的上市股票总市值已经减少到了 156 亿美元[21],这个量级的跌幅对很多人造成了巨大的伤害。

1929 年,不但股票市值大跌,而且成交量也减少到了约相当于之前的 1/3。美国证券交易所场内交易成交量从 1929 年的 18 亿股减少到了 1932 年的 6 亿股(纽约证券交易所 1929 年约占美国股市总交易量的 61%,而 1932 年占到了 76%)。[22]

股票成交量和股票价格双双大跌。

虽然股票在 1929 年 9 月定价合理,但股市容易受到某些因素变化的冲击,而这些因素的变化恰恰就发生在 1929 年。股市大崩盘不同于芝加哥大火(1871 年 10 月 8 日星期天夜晚,一头奶牛踢翻了放在草堆上的油灯,引发了这场火灾。——译者注),并不是一种奶牛的一踢就能触发的灾难,而是一种由一系列后果不断放大的事件酿成的灾难。结果就是 1929 年股价大跌,而在以后的 3 年里股价跌得更惨。

注释：

1. 本章所引用的所有股市数据全都援引于 P. S. Pierce, *The Dow Jones Average*, 1885~1985(Homewood：Dow Jones-Irwin, 1986)。

2. H. O'Connor, *Mellon's Millions* (New York：John Day, 1933), p. 310. 公平地说，梅隆是在胡佛的要求下才发表这番讲话的。请参阅 H. Hoover, *The Memoirs of Herbert Hoover* (New York：Macmillan, 1952), p. 17。

3. Mar. 4, 1929, p.3.

4. Aug. 3, 1929, p.683.

5. *Forbes* (Aug.1, 1929)：25.

6. Aug.24, 1929, p.736.

7. Aug.10, 1929, p.847.

8. the Financial Chronicle, Sept. 7, 1929, p. 1505. 之所以使用"强制会计"这个词，是因为会计必须遵守相对较新的税法规定。

9. *The New York Herald Tribune*, Sept.6, 1929.

10. Preston Field, *The Magazine of Wall Street*, Oct.19, 1929, p.1077.

11. *Forbes* (Oct.1, 1929)：19—21.

12. *The Commercial and Financial Chronicle*, Nov. 23, 1929.

13. C. P. Kindleberger, *Manias, Panics, and Crashes* (New York：Basic, 1978).

14. *The Magazine of Wall Street*, Nov.16, 1929, p.91.

15. J. K. Galbraith, *The Great Crash*, 1929, (Boston：Houghton Mifflin, 1961), pp.51—70.

16. *Hearings before a Subcommittee of the Committee on Banking and*

Currency United States Senate, *Part* 3 (Washington, D. C.: U. S. Government Printing Office,1931),p.480.

17. *Forbes* (Nov.15,1929):24.

18. Irving Norton Fisher, *My Father*, *Irving Fisher* (New York: Comet, 1956),p.264.

19. J. Wanniski,"The Smoot-Hawley Tariff and the Stock Market Crash of 1929,"*Midland Corporate Finance Journal* (Summer 1987):p.7.

20. Ibid.,p.13.

21. Committee on Banking and Currency, *Stock Exchange Practics* (Washington,D.C.: U.S.Government Printing Office,1934),p.7.

22. Ibid.,p.5.

1931 年的听证会

> 美国金融史上还没有发生过比这更加严重的灾难。当这场大灾难真的出现在人们的视野里时,它被认定为美国历史上最大的金融耻辱。
>
> ——1929 年 11 月 16 日《华尔街杂志》

1929 年发生的事件引起了美国参议院银行与货币委员会的极大关注。1931 年 1 月,美国参议院银行与货币委员会多次召开关于联邦储备系统履职表现的听证会。

纽约联邦储备银行行长乔治·L. 哈里森是第一个到会作证的证人。南达科他州籍参议员彼得·诺贝克(Peter Norbeck)时任参议院银行与货币委员会主席。他想求证各联邦储备银行当时有没有为投机贷款融资。哈里森的回答是纽约联邦储备银行没有为投机贷款融资,但向联邦储备银行借钱的银行发放过投机贷款。

参议院银行与货币委员会主席(以下简称主席)问道:"联邦储备银行允许向自己借钱的银行这样做。然而,了解贷款怎么用和为什么这么用是联邦储备银行的职责所在。如果这不是联邦储备银行这个职责的意义所在,那么,他们怎么会觉得——无论程度如何,他们的董事局曾经觉得——有必要劝告纽约的会员银行减少向证券经纪人发放贷款呢?"

哈里森行长:"参议员,我们从未这样做过。"

主席:"你们没有这样做过?"

哈里森行长:"是的,阁下。没有……"

主席:"难道联邦储备委员会也没有这样做过?"

哈里森行长:"这是一个记录在案的问题。我们在纽约从没做过……"

主席:"难道你们不应该这么做?"

哈里森行长:"由于两个原因:一是纽约银行发放的所谓经纪人贷款并没有增加,始终稳定在投机开始之前的水平上;二是我们的董事们从一开始就觉得,如果出现经纪人贷款增加的情况,最好是通过利率而不是警告某家特定银行来阻止贷款扩张。"

哈里森不卑不亢地回答了参议院银行与货币委员会主席提出的问题。1929年5月13日,哈里森跟担保信托公司总裁和第一国民银行总裁进行了交谈,并且为限制这两家银行的贷款对他俩施加了很大的压力(请参阅本书第五章)。

接着,诺贝克问了一些重要的问题。

主席:"如果不加限制,如果你没有权力平息或者控制这种事情,那么,你为什么还要通过提高再贴现率来加以控制呢?你为什么要用再贴现率来应对这种局面,并且为了控制据你说你没有权利控制的事情而惩罚合法经商呢?"

哈里森行长:"在信贷像1928年和1929年那样在全国范围快速增长的情况下,我想,不管造成信贷扩张的原因是什么,我们完全有权控制信贷扩张。由于出于投机目的的资金需求大增,我们希望提高我们的再贴现率,因为我们相信这是一个限制以太快的速度把我们国家的资产用于投机和其他用途的妥善手段。"

哈里森和其他人一样,完全混淆了"我们国家的资产"与被称为"股票和债券"的资产权利凭证。没能把实物资产与证券化了的实物资产索取权区分开来,有可能对经济产生毁灭性的影响。

哈里森这个永远的绅士就再贴现率问题表示,"我们犯了错误。我觉得我们没有充分迅速地调高再贴现率"。他绝不会把没有在1929年2月到8月之间提高再贴现率的责任推卸给联邦储备委员会。

关于投机问题,哈里森明确表示他也并非总能识别。

主席:"很好。行长,相关法律的立法意图就是防范紧急的尴尬情况,而不是授权银行把联邦储备银行的贷款用于股票投机。我希望我能像你似乎暗示的那样认为,纽约并不存在任何股票投机过度的问题。"

哈里森行长:"那好,我希望能够完成我对这个问题的陈述。如果我在这个时候就此打住,便会显得我做人虚伪,我可不想留下这种印象。纽约肯定有投机问题,而且全国和全世界都有这个问题。这是一个最值得关心的问题,不但你们关心,而且还包括我们联邦储备系统的每一个成员都应该关心这个问题。我认为,我们应该最大限度地运用我们的想象力和独创性,采取适当的措施来制止投机。"

"从1928年开始,我们3次调高再贴现率,卖掉了4亿美元的政府证券,并且减少了5亿美元的黄金储备。2年前,即使有人说可以3次调高再贴现率,出售4亿美元的政府债券,并且在不抑制通货膨胀的情况下输出5亿美元的黄金,也不可能会有人相信。但是,这些都是已经发生的事情。"

哈里森所说的通货膨胀就是股市上涨,而不是一般物价水平上涨。纽约联邦储备银行的关注点就是控制无法确定的投机。诺贝克抓住哈里森的这种说法做了以下评论:

"很好。总而言之,我觉得你就属于那个坚持认为最大限度地抑制投机活动的方法就是通过提高再贴现率来惩罚合法经商的思想流派?

"说到底,这难道不就是等于说,我们国家的工商业应该被纽约证券交易所的股票投机所遏制;说到底,这难道不就是意味着,向工商业借款人融资必须由股市而不是联邦储备银行向工商业融资的能力来调节?"

第二个到会作证的证人是纽约联邦储备银行董事局主席J. H. 凯斯(J. H. Case)。凯斯作证表示1928～1929年间的经纪人贷款增加并不是银行融资促成的:

"1928～1929年的牛市主要不是由银行,而是由公司、企业和个人以在财务报告中被列入'其他人贷款'的形式融资促成的。如果把所有来源的数据合并在一起,那么,这些不属于银行业务的公司、企业和个人贷款在高利率的诱惑下,从1928年初的150万美元几乎增加到了 55 亿美元。这就是这些非银行资金导致投机活动变得如此难以控制的事实。"

阿道夫·米勒也到会作了证。对于我们来说,这可是更好地了解以下这个问题的机会:联邦储备委员会为什么拒不批准纽约联邦储备银行在 1929 年 2 月 14 日提出的加息申请。开始,米勒不愿回答这个问题。

主席:"请问,当时联邦储备委员会到底为什么要拒绝批准纽约联邦储备银行再次加息的申请?"

米勒先生:"纽约联邦储备银行已经在 1928 年 7 月 13 日把利率提高到了 5%。纽约联邦储备委员会直到 1929 年 2 月 14 日,或者说 7 个月以后,也就是在联邦储备委员会向全国发布信贷状况公告强调指出证券投机信贷规模非正常增长的危险 1 个星期以后才决定采取行动。联邦储备委员会直到发布上述公告以后才收到纽约联邦储备银行第一份要求把利率提高到 6% 的申请。

"联邦储备委员会在一封签署日期为 2 月 2 日、部分内容出现在该委员会 2 月 7 日发布的公告中的信函里表示,它'认识到现行公认的银行监管方法难以改变目前形势中存在的一些因素'。也就是说,根据联邦储备委员会的判断,已经失去有效采取利率调整行动的时机。"

主席:"你刚才使用'公认的……方法'这个词,是指'一般的……方法'?"

米勒先生:"常规的、传统的方法——调整再贴现率和公开市场操作。"

参议员沃尔科特(Walcott)："那是在哪一天？"

米勒先生："1929年2月2日。"

随后，米勒又明确表明了他对提高再贴现率的立场。

米勒先生："本人在联邦储备委员会1929年1月举行的几次会议上曾多次表达了自己的意见：联邦储备系统迟疑不决；它处在一种没有政策的危险境地。我还认为，联邦储备委员会远比银行更加清楚地意识到1929年初的局势可能产生的可怕影响；如果联邦储备银行没有任何应对当时局面的计划，联邦储备委员会就得对国家、对必须替它找到解决方案的联邦储备系统负责。解决方案是找到了，那就是不同意把调整再贴现率作为一种适合当时情况的权宜之计，而是主张采取'直接施压'行动。

"我们认为，在1929年2月把再贴现率提高到6％，只能是一种无用之举；实际上是在向全国的投机市场宣布，只要所有手持合格票据前来联邦储备银行再贴现者愿意支付6％的利率，那么联邦储备系统就向他们敞开再贴现大门。随着通知贷款利率从8％、9％、10％、15％一路飙升到了20％，采取6％的再贴现率只能是自取失败，并且还能起到安慰和救助广大投机者的作用。

"主席先生，昨天您提到了交替使用再贴现政策——通过把再贴现率依次提高到6％、7％、8％或者9％来严格执行再贴现政策。换句话说，让再贴现率与通知贷款利率开展竞赛。"

主席先生："把合法经商者作为'替罪羊'？"

米勒先生："只有一种做法肯定能把合法经商者置于困惑、迷乱的状态，把整个国家置于心理剧变的状态，那就是等股市崩盘、经济崩溃后把股市崩盘和经济崩溃的责任推卸给联邦储备系统。不过，这是一种愚蠢的行为。

"参议员先生，如果可以，我还想说，在1929年初那个时候，我本人的关切就是联邦储备委员会怎样才能通过适当的干预来保全联邦储备系统的良好声誉。对于当时投机扩张的终极后果，我并没有任何疑惑。我心里清楚，这次投机扩张并不是采用常规干预手段就能抑制的，它最终将演变为某种强烈的剧变。"

查尔斯·哈姆林也透露了他本人对否决纽约联邦储备银行1929年2月提出的加息申请的想法：

"长话短说，我个人认为，当时，也就是1929年1月1日，再贴现率已经不再是一种抑制投机的有效工具，因为投机已经发展成一种不折不扣的狂热。现在回过头再看，我虽然在1928年年中考虑到再贴现率应该能证明它的抑制作用，因此自愿投票赞成把再贴现率提高到6%，但完全被联邦储备委员会否决了，而且再贴现率对我们没有带来任何帮助。"

稍后，哈姆林又在他的证词中补充解释说：

"一旦投机发展成一种狂热，提高再贴现率已经起不到任何抑制作用；当投机正在开始出现时，提高再贴现率可能收到一定的效果。但是，到了1929年这个我们现在正在反思的时期，提高再贴现率已经没有任何效果。我相信，投机者们当时希望我们批准把再贴现率提高到6%。6%的再贴现率对于这些人来说就意味着低息贷款，因为，这就意味着，就如他们希望的那样，直接施压行动的中止；还意味着只要他们能提交良好的担保品并愿意承担再贴现率提高后的融资成本,那么就能借到他们需要的资金。把再贴现率提高到 6%,对于当时的投机者来说无异于一次救助行动。"

哈姆林还介绍了联邦储备委员会公布 2 月 2 日的信和发布 2 月 7 日公告的目的:

"联邦储备委员会并不希望通过警告来彻底紧缩投机贷款,而是希望逐渐收回应该收回的联邦储备信贷,并且从根本上解决投机贷款过度的问题……

"有人说我们想把事情搞糟,要打压股市。这完全是胡言乱语。联邦储备委员会公告中的警示充分披露了事实真相:'在目前的情况下就意味着限制直接或者间接地使用联邦储备信贷便利来推助投机信贷膨胀'。

"通过执行这种逐步紧缩政策,我们觉得有希望在不打压市场或者不把事情搞糟的情况下收回联邦储备信贷。"

哈姆林忘了他曾经说过米勒希望"快速清算信贷和打压股市"(哈姆林,Feb. 5,1929)。1929 年 6 月,联邦储备委员会叫停了它的直接行动计划。

哈姆林先生:"另一个值得关注的事实是,虽然 6 月叫停了直接施压行动,并且调整了再贴现率(我在 8 月 9 日解释过这个问题),但是,即使从那以后一直到股市崩盘,整个联邦储备系统的未收回信贷仍有所增加,不过数额相对较小,只增加了用于满足增加后的流通货币需求的数额。"

主席:"行长先生,你说你叫停了警告是什么意思? 你是想说你觉得你的警告不可取?"

哈姆林先生:"噢,不是。当时,纽约联邦储备银行表示,我们的直接施压行动已经对各家银行产生了影响,因此,银行根本不敢再来借钱,信贷需求还将增加,有可能差不多要达到上亿美元。他们还说,他们不希望他们的储备委员会在他们不得不增加一定数量信贷的时候,为了减少他们的总贷款额而持续对会员银行施压。"

主席:"他们仅仅被告知要减少用于投机活动的贷款?"

哈姆林先生:"是的。我们从未公开叫停任何业务。我们只是告诉纽约联邦储备银行,会员银行可以继续借款,只要把贷款用于绝对必要的商业用途。事实上,我们从未对任何银行借钱用于严格商业用途的权利提出过质疑。"

哈里森就导致10月股市价格下跌的原因所做的说明值得关注。

主席:"你是不是认为这就是股市掉头下行的原因?"

哈里森行长:"我认为有很多原因造成股市价格下跌。第一,1929年7月,经济开始下行,然后开始对投机产生影响;第二,非常明显的不安情绪促成了英格兰分支机构网络巨大的哈特利银行的破产;第三,紧缩导致8月份再贴现率上涨;第四,虽然我们无法估计英格兰银行上调再贴现率的影响效应,但这肯定也是一个影响因素;最后第五点,可能也是最重要的一点,各种因素都已变得过度,因此已经到了再也不能继续下去的地步。"

值得关注的是,哈里森承认8月上调再贴现率有可能导致股市掉头下行。归根结底,这就是提高再贴现率的目的,也是联邦储备委员会和纽约联邦储备银行1929年的行动目的。

9

破解迷思的真相披露

参议员弗莱彻(Fletcher)："你没有采取任何行动制止这场发生在证券交易所、一直持续到1929年10月的疯狂投机?"

——1933年证券交易所行为听证会

1933年，美国参议院银行与货币委员会的一个下属小组委员会举行了多次证券交易所行为听证会。在到场作证的人士中，有1929年担任纽约国民城市银行总裁的查尔斯·E. 米切尔。召集这次听证会的小组委员会的法律顾问是费迪南德·佩克拉(Ferdinand Pecora)。米切尔在1929年从事的活动引起了佩克拉和约翰·肯尼斯·加尔布雷思的高度关注。[1] 我们想回顾一下米切尔的故事，这其中有值得吸取的教训。

佩克拉记述说：

"请注意以下情况：在接下来的两年里，纽约国民城市银行面值为100美元的股票价格不断被推高，一直涨到了令人头晕目眩的高点……1929年1月,这只股票的价格已经攀升到了1 450美元;几个月后又涨到了不可思议的2 925美元……这只股票被推定的最高账面价值只有70美元。但是,'为了防止自己的股票被操纵'而从交易所摘牌的纽约国民城市银行成了它自己股票的主要交易者!"[2]

佩克拉为了说明纽约国民城市银行股票的价格被高估,采用了每股面值100美元和账面价值70美元这些参考数据,但没有披露这只股票的收益数据,因此不能赢得我们对他掌握的金融知识的信任。关于纽约国民城市银行的股票"交易"情况,佩克拉是这样说的:

"仅在1929年一年里,纽约国民城市银行就卖出了130万股自己的股票。为了争取到持有这些最高账面价值达到1.4亿美元的股票令人自豪的特权,广大股民支付了6.5亿美元的巨款。在随后几年的萧条时期里,纽约国民城市银行股票的价格从585美元只跌剩下21美元,这只股票大肆膨胀的账面价值当然大部分被蒸发掉了。"[3]

再说一遍,以上是纽约国民城市银行股票账面价值的参考数据,而不是这家银行收益的参考数据。还请读者注意,这里的最高账面价值是107.69美元(140/1.3),而不是之前的70美元。

佩克拉还描述了纽约国民城市银行为大量出售自己的股票而做出的努力:"纽约国民城市银行采取各种可利用的手段发起了股票销售战,该银行的股票推销员在特殊奖励机制的刺激下,以天价卖掉了成千上万的股票。"[4] 但是,国民城市银行在出售被它自己看作一种优良投资品种的股票。佩克拉注意到"米切尔先生本人是一个大输家——用米切尔自己话来说,他是最大的个人输家"。[5]

如果说米切尔行长早期利用内幕消息来抛售股票,我们就会认为这是一条头号丑闻。那么,如果有一个投资者(米切尔)利用内幕消息高估他的银行的未来利润率,那么,我们会怎么认为呢?但是,这个掌握内幕消息最多的投资者遭遇了最大的亏损。

1933年3月,美国地方助理检察官托马斯·E. 杜威(Thomas E. Dewey)以偷逃所得税的罪名批准逮捕了米切尔。1933年6月,米切尔洗脱了对他的全部指控,并被当庭宣判无罪。联邦政府在输掉了刑事诉讼后又发起了民事诉讼向米切尔索要税款。民事诉讼的终审判决于1938年做出。

导致米切尔被捕的股票交易都是一些他与他的妻子完成的非正常交易。1929年,米切尔把纽约国民城市银行的股票"卖"给他的妻子,从而产生了250万美元的税损。等股价进一步下跌以后,他再从她那里按他在1929年卖给她时的价格把卖给她的股票又买了回来。

米切尔承认,第一次把自己的股票卖给他的妻子就是出于逃税的目的。这种逃税伎俩并不是米切尔的发明,但他比前人更加夸张地利用了这种伎俩。同样,他还(很不情愿地)向参议院的一个小组委员会承认了他的避税行为。[6]

米切尔的避税行为虽然没有为他赢得"1929年度杨基·杜德尔奖"(Yankee Doodle Award),但完全算得上那个时期"聪明"的避税做法。我们也很难愤慨地说,广大股民在购买这家银行普通股的时候就已经中了这家银行的圈套,因为这家银行的总裁由于在1929年底前持有自己银行的股票而赔了250万美元。加尔布雷思表示,"与纽约国民城市银行相比,大通(Chase)银行遇到的麻烦根本就算不上什么"。[7] 但是，纽约国民城市银行的问题是银行总裁因涉嫌逃税而受到了刑事指控，结果又被判定无罪。不过，没有任何证据能够证明，米切尔操纵股票价格或者利用内幕消息进行股票交易。

1933年，美国参议院银行与货币委员会小组委员会在听证会上提出了很多问题质询米切尔。[8] 从以下的问答看，很难说米切尔或者纽约国民城市银行实施了股票操纵。

参议员布鲁克哈特："你在哪几年买入了纽约国民城市银行的股票？"

米切尔先生："1929年买入最多。"

参议员布鲁克哈特："在崩盘以前还是以后？"

米切尔先生："在恐慌期间。"

参议员布鲁克哈特："试图支撑这只股票的价格？"

米切尔先生："是的，阁下。试图保护股东。"

参议员布鲁克哈特："你还记得买入股票的价格？"

米切尔先生："我无法告诉您确切的价格，但我想大概是每股375美元。"

参议员布鲁克哈特："当时，这只股票的价格已经高达600或者700美元。"

米切尔先生："哪里。如果我没记错的话，当时每股大概在570美元，或者大致就这么高。"

参议员布鲁克哈特："每股就576美元？"

米切尔先生："差不多就这个价格吧？"

参议员布鲁克哈特："很好。"

佩克拉先生："很好,米切尔先生,你又在1929年卖掉了你持有的很大一部分国民城市银行股票?"

米切尔先生："在那次恐慌期间,我捂住已持有很长时间的股票没卖,就是为了防止市场崩盘,损害我们股东的利益。我允许国民城市银行把我们股东的股票打入我为自己家人开立的账户中,我自己家人从我们股东那里可能买入了共计1 200万美元的股票。"

佩克拉显然希望认定米切尔曾操纵国民城市银行股票。

佩克拉先生："你没有回答我的问题,我是问你:你在回答参议员布鲁克哈特的问题时说,你在1929年大肆买入你们银行的股票,在股市崩盘时又捂着部分股票不卖。现在,我的问题是:你有没有在股市崩盘时或者1929年结束之前大量抛售你持有的你们银行的股票?"

米切尔先生："的确,我购买了28 300股,我只想暂时持有。我这么做只是为了控制局面。"

佩克拉先生："为了维护市场?"

米切尔先生："是的。我卖掉了其中的1万股,但当时仍持有53 300股国民城市银行的股票。我拿一部分一直持有到1929年下半年的股票做了一些私人交易。从那时起,我一直在回购这只股票,因此,目前我仍持有这只股票,而且还增持了一点。"

参议员布鲁克哈特:"超过53 000股?"

米切尔先生:"是的,阁下。"

参议员布鲁克哈特:"你是按什么价格回购的?"

米切尔先生:"我买入其中的18 300股股票——我不能随口说

出是按什么价格买进的,但可以给您一个近似数,让我想想,每股375美元或者380美元……"

参议员布鲁克哈特:(插话)"是在恐慌期间?"

米切尔先生:"是的,阁下。"

接下来,听证会的话题转向了米切尔出于避税的目的把股票卖给他妻子的问题(佩克拉援引了米切尔的这部分证词)。在提问重新回到投资问题后,米切尔的证词表明投资专家(譬如说米切尔)没能预见到股市下跌。

米切尔先生:"如果在场的任何人或者你们认识的任何人大致遭遇了我本人在国民城市银行股上蒙受的损失,那么,你们就认识了我自叹弗如的大人物。我个人因市场失灵而在国民城市银行股上蒙受的损失比美国任何其他个人都多。"

参议员布鲁克哈特:"很好,这说明你本人或者任何一个金融大亨都不明白1929年怎么会毫无道理地发生这种事情?"

米切尔先生:"我本人不明白。在今天看来……"

参议员布鲁克哈特:(插话)"当时的事实是,广大公众根本不能信赖金融大亨对这些金融问题的判断。"

米切尔先生:"关于未来、市场价格和经济形势分析,有那么多金融人士无法控制和实际不怎么了解的因素;他们就像其他任何人一样,不可能预测某个确定的未来。"

米切尔的故事由于两个原因而变得重要:一是对1929年股市被操纵程度所产生的误解。纽约国民城市银行股票的价格在1929年涨到了每股576美元,随后又跌到了200多美元这一事实被用来表征这家银行及其经理人对自己的股票进行了不诚实的操纵。而事实是,这家银行的总裁蒙受了比这只股票的任何投资者都严重的损失。但更重要的是,米切尔的故事再次说明:见多识广的投资专家认为,国民城市银行股票的价值能够证明它的价格是合理的。米切尔根据投资专家的观点买进自己银行的股票。1929年股票价格太高只是在股价下跌以后才变得显而易见。在1931年及其后,就能轻松看清1929年国民城市银行股票的价格太高。

20世纪20年代,股票操纵规模小得惊人。即使援引比较著名的案例,如大通国民银行(Chase National Bank)总裁H. 威金(H. Wiggin)后来被证明缺乏经验、品味低下,倒也不是欺诈成性。例如,曾经发生过一个与威金有关的颇具戏剧性的事件[9]:威金在1929年9月23日与11月4日之间卖空42 506股大通银行的股票。威金在这笔交易中盈利400万美元。加尔布雷思和佩克拉都把威金的这笔交易作为一个欺诈案例来援引。这肯定是错误的判断。实际情况是:威金在做多超过42 506股大通银行股票的同时又做空42 506股。他是在"抱股卖空"。他在盈利400万美元的同时又因持有这只股票超过42 506股而赔掉了400多万美元。威金在卖空大通银行股票的交易中并没有显示他的判断力有过人之处,但威金的案例也不是一个利用内幕消息炒股的显著例子,因为他持有同一股票的净多仓。

这个关于威金的案例传递了大量的错误信息。佩克拉透露说威金被迫放弃他的退休金,然后又表示"没人会觉得威金先生遭遇了任何严重的不公,他用这种方式刺激了我们对丑闻的嗜好。在整个调查过程中,有人怀疑是否另有公司高管如此充分、成功地利用自己的高管和受托人地位来牟取私利的案情"。[10]

因此，佩克拉把威金说成是头号坏蛋，那么，威金是如何为自己牟取私利的呢？马尔基尔写道：

"由于相信他自己的银行前景暗淡（可能是因为他自己之前所做的投机），因此，他卖空超过42 000股的大通银行股票。卖空是一种股价下跌就能赚钱的交易方式。卖空交易就是卖掉你目前手中没有的股票，以期日后在较低的价位上买进。卖空就像希望低价买进、高价卖出，但顺序颠倒。

"威金在交易时间的安排上堪称完美。刚完成卖空交易，大通银行股票的价格就开始下跌。当秋天股市崩盘时，'大通银行'股价急剧下跌。到11月清仓时，威金先生因这笔交易净赚8 400万美元。"[11]

但是，威金在做卖空时手中持有超过42 000股大通银行股票。因此，马尔基尔的抨击并无道理。我们不明白马尔基尔是怎么得出获利8 400万美元的，因为佩克拉把威金的盈利定为400万美元，而我们将看到实际的盈利数额可能要小得多。

大通国民银行股票的价格在1927年9月位于470美元（月度最低价）和635美元（月度最高价）之间，到了1929年已经涨到了1 415美元（一拆五之后的股价是283美元），而到了1933年（拆分以后）已经跌到了17.75美元（折合成拆分前的价格是88.75美元）。显然，在这期间有很多赚钱或者赔钱的可能性。美特伯坦公司（Metpotan Corporation，大通银行的一家子公司）在1928~1932年间做大通国民银行股票的交易额超过8.6亿美元，用佩克拉的话来说，"只赚到可怜的 159 000 美元",而"威金先生和他的几家公司基本上在同一时期,从同一股票的交易中实际实现现金利润 1 042.5 万多美元——要多出 65 倍"。[12]超过1 042.5万美元这个盈利额也不同于前文所说的 400 万美元,因为不是同一时期的盈利(400 万美元是在 1929 年 9 月 19 日~1929 年 12 月 11 日之间赚到的)。

佩克拉并没有认识到在股市震荡时期买卖股价起伏不定的股票的两种不同交易策略可望赚到不同的"现金利润"。此外,佩克拉也不理解现金(或者实现)利润与经济收益和亏损之间的区别。他虽然方便地提出了自己的论点,但却在计算"现金利润"时忽略了投资亏损。

事实是,在这出戏中扮演角色的全体演员都不怎么精通金融理论。佩克拉把威金的行为阐释为一个致力于欺骗大通银行股投资人的狡猾、不诚实的人的行为。而事实是,根据威金(1933)在参议院银行与货币委员会面前所做的证词,我们有充分的理由怀疑,无论是佩克拉还是威金都不怎么精通金融或者投资理论。艾伯特·亨利·威金(Albert Henry Wiggin)在 17 岁时就"完成了学业"并开始了他的银行职业生涯,此后再也没有继续他的学业。

我们来看看威金给投机下的定义:"结果不佳的投资就是投机。"[13]威金虽然不是一个知识渊博的金融理论家,但有敏锐的领悟力和幽默感(可惜没有得到佩克拉的赏识)。下面的对话很能说明这一点。

佩克拉先生:"在你看来,股票投机(stock speculation)与股票赌博(stock gambling)有什么不同?"

威金先生:"您在提一个没有任何明确答案的问题。您真要我回答一个有不同看法的问题?"

佩克拉先生:"请把你的看法告诉我们。我们都知道你不是词汇专家。"

威金先生:"我觉得,在报纸上,'股票赌博'与'股票投机'说的差不多是同一个意思。"

参议员卡曾斯(Couzens):"这就是你对它们的解释?"

威金先生:"我不知道怎么表述股票赌博。"

参议员卡曾斯:"那么,根据你的理解,股票投资与股票投机或者赌博之间有什么区别?我很清楚股票投资的概念,而且对什么是股票投机和股票赌博也有清晰的认识。不过,我想知道你是否认为它们都是近义词。"

威金先生:"当然,我在纽约发现,如果个人投资者或者投机者向股票经纪人借钱,并且把借来的钱存入保证金交易账户购买股票,那么这就叫投机;而如果他们自己出钱购买股票,那么他们就叫它投资。或者,如果他们向银行借钱,那么他们就叫它投资。这是一个非常狭义的定义,但我觉得这样的定义能够成立。"

参议员卡曾斯:他们应该有个区分投机和投资的什么标准吧?"

威金先生:"是的,我也这么想。不过,我不知道应该把线划在哪里。"

参议员卡曾斯:"你准备把股票投资或者股票投机或赌博的界限划在哪里?"

威金先生:"我可划不了这条线。"

主席:"我明白了,你是想说如果投资不成功,就叫投机。那么,投资成功了,应该怎么叫呢?"

威金先生:"那么,他们就认为自己做了明智的投资。"(会场响起一片笑声)[14]

佩克拉仍试图让威金下一个具有操作性的投机定义。

佩克拉先生:"你是否听说过,有人从一开始就出于投机的目的在股市上做交易?"

威金先生:"能否把这个问题重复一遍?"

佩克拉先生:"当然可以。委员会报告人会给你重复这个问题。"(报告人把问题重复了一遍)

威金先生:"我想会有吧。是的,阁下。"

佩克拉先生:"你会把这种性质的投机交易叫作什么?你如何来表述这种交易?"

威金先生:"噢,我不知道怎样来表述这种东西。"

佩克拉先生:"现在,投机交易也常常能够取得成功,而且还能给投机者创造利润,难道不是吗?"

威金先生:"我想,他们过去常能赚钱。"(大笑)[15]

看来不用"对付"投机者了,也难以教训他们,因为给"投机"下个定义都困难重重。我们无法区分好的投机者和坏的投机者——甚至无法区分投机者与投资者。

佩克拉在听证会上把威金在1928~1932年大通银行股票交易中赚到的利润确定为10 425 657.02美元。[16]真是辛苦了佩克拉,他又提了不少问题。

佩克拉先生："威金先生，现在已经清楚,吗,美特波坦公司在1928~1932年的5年里做大通银行股票交易,从账面上看估计只赚了156 614.27美元的利润,而从税收的角度估计则获利159 573.84美元。而几乎在同一时期,你的3家公司获利接近1 050万美元。你能不能解释一下你自己的公司通过在市场上做大通国民银行股票交易能赚到这么多利润的原因吗?你能不能告诉我们为什么做相似的股票交易你自己的公司赚到的利润大大超过美特波坦公司赚到的利润?"

威金先生："非常不同的获利结果。你也知道我们家的几家公司在1932年底持有194 000股的大通银行股票。当时,这只股票的市价不管怎样从280美元跌到了差不多每股40美元。它们没有把手中的股票卖掉。如果它们也把手中的股票卖掉,那么,它们的结果可能要比美特波坦这样的公司差很多。美特波坦这些公司买了又卖,而我们全家仍持有我们的股票。"

佩克拉先生："可是,你说的这些与我的问题毫无关系。"

威金先生："我觉得有很大的关系。"[17]

按以上所说,每股损失是240美元(280美元－40美元),乘上194 000股,就要总共损失:

194 000×240＝46 560 000(美元)

威金没有获利,而是大约损失了4 000多万美元!佩克拉在写他的书时故意忘记了(或者没能理解)这些事实真相。佩克拉写这本书可是真正的耻辱,并没有揭露威金的无效投资策略。没有人指控威金利用内幕消息进行股票交易。他买卖大通银行股票显然不妥,但既不违法也没盈利。加尔布雷思、马尔基尔和佩克拉把威金所做的大通银行股交易说成是邪恶的交易确实有点过分。威金的行为确有改进的空间,但他的故事并非如被描述的那样是一个极端的诈骗案例。他没有操纵大通银行股票的走势。

事实是,佩克拉经历了一个对于寻找和讲述令人震惊的欺诈行为案例来说非常困难的时期,他的努力没有取得成功。

每一个研究1929年及其后果的学者都听说过山姆·英萨尔(Sam Insull)和他的公用事业控股公司倒闭案。他们也知道,英萨尔负有一定责任。

1956年夏天,本书的作者在芝加哥为人民气体照明公司(Peoples Gas Light)和可口可乐公司(Coke Company)工作。公用事业控股公司曾是英萨尔的骄傲和乐趣所在,也是英萨尔帝国的根基。那年夏天,美国各阶层人士说起山姆·英萨尔钦佩之情溢于言表。他在去世很久以后仍受到公司员工的真心爱戴。那么,这种个人评价怎么与阅读20世纪30年代报刊产生的印象联系起来呢?

福勒斯特·麦克唐纳(Forrest McDonald)讲述了英萨尔的故事。这是一个有趣的故事,反映了另一些当时普遍存在的误解[18],也证实了我在很多年以后形成的"英萨尔赢得了广泛的高度忠诚"的印象。

英萨尔受到了多种不同的指控,其中包括利用邮件欺诈、违反破产法、监守自盗等。就连当时的当选总统罗斯福(Roosevelt)也承诺要将英萨尔"绳之以法"。[19]

政府起诉英萨尔的依据就是一些像创办费会计这样难以处理的

技术问题。公用事业控股公司对创办费进行了资本化(把它作为资产来处理),而没有把它作为收入的费用来处理。政府指控该公司采用这种方法虚报了收入。不过,政府的专家证人也承认,把创办费作为资本处理也是一种理论上合理并且是联邦政府出于所得税目的规定的同等重要的会计处理方法。

检方利用英萨尔的税收申报单证明了他的收入大得有多么惊人(年收入多达 50 万美元)。对于检方来说,不幸的是,"英萨尔的慈善捐献也同样数额巨大,有几年超过他的全部薪水收入"。[20]

在这次和以后的庭审中,英萨尔洗脱了全部的被指控罪名。虽然英萨尔公司股票和债券的投资者确实在 1929 年 9 月以后的时期里赔了钱,但他们的遭遇并不比没有在 1929 年 8 月清仓而一直持仓留在股市到 1932 年的其他投资者糟糕。

那么,华尔街到底有多么不诚实呢?弗雷德·施韦德恰如其分地总结了华尔街的不诚实程度:

"在我看来,华尔街的不诚实是一种被夸大了的现象。华尔街人既不比玩"插香肠"游戏(sausage-cover game)的人更加贪心,也不比他们好到哪里去,两者很可能有不相上下的不当行为,但华尔街的掠夺行为更加惊人,涉案金额要大很多,并且更加引人瞩目。不管怎样,华尔街的掠夺行为充其量也只能告诉公众怎样为自己的愚蠢寻找借口。"[21]

不诚实的股市操纵行为导致 1929 年股价大跌的推断仍是一个迷思。

注释：

1. F. Pecora, *Wall Street under Oath* (New York: Simon and Schuster, 1939); J. K. Galbraith, *The Great Crash*, 1929(Boston: Houghton Mifflin, 1961).

2. Pecora, *Wall Street*, pp.110—111.

3. Ibid., p.111.

4. Ibid.

5. Ibid.

6. Committee on Banking and Currency, *Stock Exchange Practices* (Washington, D.C.: U.S. Government Printing Office, 1933, p.1812).

7. Galbraith *Great Crash*, p.155.

8. U.S. Senate, Subcommittee of the Committee on Banking and Currency, *Stock Exchange Practices Hearings* (Washington, D.C.: U.S. Government Printing Office, 1933).

9. 请参阅加尔布雷思的《1929年大崩盘》(*The Great Crash* 1929, pp.153—155)以及B. G. 马尔基尔(B. G. Malkiel)的《漫步华尔街》(*Random Walk down Wall Street*; New York: Norton, 1975, pp.40—41)。

10. Pecora, *Wall Street*, p.161. 从1933年1月到1934年7月，佩克拉任美国参议院银行与货币委员会证券交易所、银行业和证券市场行为调查的法律顾问。参议院银行与货币委员会"调查了美国金融界最重要和代表性人物的身份和行为"(p.3)，但只发现了很少的犯罪活动。

11. Malkiel, *Random Walk*, pp.40—41.

12. Pecora, *Wall Street*, p.152.

13. Pecora, *Stock Exchange Practices*, 1933, p.2327.

14. Ibid., pp.2418—2419.

15. Ibid., p.2419.

16. Ibid., p.2851.

17. Ibid., pp.2851—2852.

18. Forrest McDonald, *Insull* (Chicago: university of Chicago Press, 1962).

19. Ibid., p.314.

20. Ibid., p.331.

21. Fred Schwed, Jr., *Where Are the Customers' Yachts?* (New York: Simon and Schuster, 1940), p.196.

10

保证金交易、集合基金、卖空交易与 1929 年崩盘

"太可怕了,"英国财政大臣斯诺顿(Snowden)在为英格兰银行把再贴现率提高到 6.5% 辩解时对英国工党议员发表讲话说:"大西洋彼岸发生的投机狂热有可能干扰我们的国内经济。"

就这样,美国的经纪人贷款已经成了英格兰酒吧闲聊的谈资。

华尔街也成了全世界关心的焦点。

——1929 年 10 月 19 日《华尔街杂志》

保证金交易

美国参议院银行与货币委员会给保证金交易下了这样一个定义:"保证金交易就是用借入资金进行证券投机。"[1] 请读者注意,参议院银行与货币委员会选用了"投机",而不是"投资"。

虽然购买普通股要求的保证金比例在1929年可以低到10％,但经纪人通常至少要求交易者支付相当于交易普通股市值25％的保证金,并且为剩下的交易额提供容易变现的质押品。因此,如果买进100美元的股票,投资者要支付25美元的现金,并且把买进的股票交给经纪人作质押。如果股价跌到90美元,经纪人就可能要求投资者追缴10美元现金。如果投资者不能按时追缴现金,那么,他的股票早在价格跌到75美元之前就被强行平仓。

证券经纪人通常会向银行借入通知贷款,而在1929年,经纪人从企业和其他经纪人那里借入贷款的数额迅猛增加。由于有股票作质押,因此经纪人并不担心投资者——借款人——的资信。一些无自制力的"赌徒"就把保证金交易作为一种赌赛马的合理替代品。

1929年,美国证券交易所会员券商共有1 549 000个客户,其中38.7％的客户一共开立了599 000个保证金交易账户,而纽约证券交易所会员券商的客户共有560 000个保证金交易账户。

1925年1月1日,纽约证券交易所的证券交易总值接近605亿美元,而1929年7月1日的证券交易总值估计已经达到了1 240亿美元。[2] 纽约证券交易所报告的经纪人贷款在1925年大约是35亿美元,而到了1929年9月底已经增加到了85亿美元。[3] 经纪人贷款从1925年只占5.8％的市值增加到了1929年占6.9％的市值。

1934年前,美国并没有法定的保证金规定[美联储的保证金交易管辖权派生于《1934年证券交易法》(Securities Exchange Act of 1934)。纽约证券交易所有不成文的保证金规定,从高价股的10％到低价股的25％不等,但大多数经纪人要求客户缴纳50％或者更多的保证金。纽约证券交易所总裁表示,1929年上半年,经纪人客户账户中的保证金平均占买入股票市值的40%。[4]

以下转自1930年1月25日的《华尔街杂志》(p. 531)的引文提供了一些有关1929~1930年期间保证金交易规定的信息。

经纪人通常要求:

(1)支付最少相当于交易证券市值25%的保证金;

(2)提供具有流动性、易处理、价值稳定的质押品;

(3)在持仓期间价格下跌得追缴现金或质押品;

(4)按要求在必要时根据合理通知及时撤销"保证金账户"。

保证金规定因市场状况而异,但个人必须准备好并且愿意接受被认为必不可少的调整。

如果投机者从1925年到1929年以10%的保证金增持635亿美元市值的证券,并且借用通知贷款追加保证金,那么就要多借63.5亿美元(10%×63 500 000 000)的通知贷款。实际报告的通知贷款增额差不多是50亿美元。虽然保证金借款对于解释任何股市崩盘都非常重要,但也应该承认,推动股市暴涨的不只是借入资金。当时,经纪人贷款只占股市投资总额很小的比例,甚至只占股市市值增额的很小比例。

第二个起作用的因素是:1929年2月初,美联储宣布它对投机规模的担心,(不无威胁地)敦促银行减少发放投机交易贷款,并且着手收紧信贷,从而导致利率上涨。通知贷款利率在1929年5月达到了15%,并且在这一年的整个夏季保持在15%的水平上,而当时公用事业普通股只有3%的股息收益率。[5]

1929年8月,《联邦储备委员会公报》载文特别强调指出了经纪人贷款总额从1926年到1929年大幅增加的问题。经纪人贷款总额从1926年的30亿美元增加到了1929年年中的60亿美元.。这一期的《联邦储备委员会公报》过分强调了美联储对国内银行参与证券投机交易融资的担心:"如图表所示,经纪人贷款在7月下半月达到了一个高位,而这种贷款的增加大部分是由国内银行促成的。"

美联储公报的这种表述显得非常外行,因为国内银行根本没有给证券经纪人增发贷款,而是"其他人贷款"大幅增加。美联储希望国内银行减少对证券投机者贷款的意愿已经变得不可思议,因为"其他人贷款"增加非常明显。当股市崩盘时,经纪人贷款急剧收缩。从1929年9月25日到12月底,经纪人贷款从68亿美元减少到了33亿美元。[6] 纽约国民城市银行报告称,经纪人贷款在1周(10月23~30日)里从66亿美元减少到了55.38亿美元。股价刚开始下跌时,在外埠银行和其他人贷款减少的情况下,纽约本埠银行就增发贷款。纽约会员银行发放的经纪人贷款从10月23日的10.8亿美元增加到了10月30日的20.7亿美元,同期外埠银行和其他渠道发放的经纪人贷款减少了20多亿美元。[7]

在10月24日前,联邦储备委员会有效阻止了纽约本埠银行增发经纪人贷款,从而导致经纪人贷款的利率上涨到了20%的高点。鉴于经纪人贷款是一种回报率极高又非常安全的"投资",美国(和世界)其他地方在1929年的前9个月里为纽约股价的上涨起到了推波助澜的作用。但1929年10月,纽约股市是靠高价资金来维持的,而股票的股息收益和持有成本之间的缺口达到了1 200~1 700个基点

（假定3%的股息收益率和15%～20%的借款成本）。此外，资金供给很不稳定，一有风吹草动，资金随时就会撤离纽约。

从1928年1月到1929年10月16日，纽约银行贷给经纪人和证券商的贷款从15亿美元减少到了11亿美元，外埠银行的同类贷款从14亿美元增加到了18亿美元，而其他来源的同类贷款更是大幅增加，从9亿美元猛增到了34亿美元。[8] 纽约银行在1928～1929年间没有增发经纪人贷款，但经纪人贷款总额仍有所增加。1928～1929年间，经纪人贷款并不是由银行发放的，而是由个人和工业企业、国内外非银行贷款人提供的。国内外非银行贷款人是在高利率的诱惑下才提供经纪人贷款的，因此可以预见，只要利率或股价显著下跌，他们就会撤走自己的资金。他们在1929年10月下旬真的撤走了资金，1929年10月的最后一周经由纽约银行总共减少了20%以上的经纪人贷款。

金融机构面对10月股市崩盘表现出了惊人的复原力。就如纽约第一国民城市银行所报告的那样，"这次历史上最大的股市灾难与所有其他股市灾难之间有一个明显的区别，那就是纽约证券交易所没有发生任何证券经纪商破产的事情，而纽约各证券交易所总共才发生了两起小破产案"。[9]

集合基金

股市操纵者有可能采取许多值得怀疑的行为，其中之一就是组建集合投资基金。

集合投资基金通常由一组积极参与某只证券交易的投资者组建，也可以邀请证券经纪人或者投资银行参加。集合投资基金会宣称以买卖股票为目的，但实际上常常充当操纵股价的工具，有时甚至通过散布误导性(欺骗性)信息以及组织对敲交易(激发市场对某种股票的兴趣)来操纵股价。集合投资基金的操作有可能与纽约证券交易所的规则相冲突，不过，有些集合投资基金并不违背当时或者纽约证券交易所的道德规范。

一只集合投资基金可能会买入某家公司的股票，然后编造一些故事，希望别人也能买入这只股票，从而推高股票价格，以便自己能够在较高的价位上抛掉手中的筹码。

在美国参议院举行的听证会上曾出现过以下这段对话：

佩克拉先生："我要说的就是：集合投资基金的一般目的是为其成员买卖证券营利，难道不是吗？"

惠特尼先生："是的，阁下。"

佩克拉先生："为了买卖证券营利，集合基金就得低价买进、高价卖出？"

惠特尼先生："是的，阁下。"

佩克拉先生："集合基金的运作通常要靠一种精打细算的方式来维系，也就是推高自己囤积了筹码的股票的价格，是不是这样？"

惠特尼先生："能否把这个问题重复一遍？"

(因此，佩克拉最后提的这个问题按记录读了一遍。)

惠特尼先生："佩克拉先生，我不明白，您用'维系'这个词想表达什么意思。"

佩克拉先生:"请给证人充分清晰地重读一遍问题?"

(速记报告人按记录又把佩克拉的问题念了一遍。)

佩克拉先生:"很好,'维系'在这里是被作为,譬如说'经营'的同义词来用的。"

惠特尼先生:"我觉得这是一种合理的表述。"

佩克拉先生:"因此,集合基金投资人的确切目的不就变成为了自己能够抛掉手中的股票营利而进行股市运作,难道不是吗?"

惠特尼先生:"如能卖掉手中的股票营利的话。"

佩克拉先生:"如果能够卖掉,自然是假设基金投资人无论怎样精打细算都能如愿以偿,难道不是吗?"

惠特尼先生:"如果与纽约证券交易所会员联手,就不违反我们的规则……"

佩克拉先生:"维持一个自由和开放的市场,不就是纽约交易所当局的意愿吗?"

惠特尼先生:"是的,阁下。"

佩克拉先生:"利用交易所来买卖证券?"

惠特尼先生:"是的,阁下。"

佩克拉先生:"你不会认为一个自由和开放的市场就是一个被控市场?"

惠特尼先生:"怎样的市场是被控市场?"

佩克拉先生:"很好,惠特尼先生。我会选择一些意思简明的措辞。不过,如果我用了你不明白意思的词,我会改用其他词的。"

惠特尼先生:"佩克拉先生,我完全明白'被控'这个词的意思。

不过,集合基金大肆购买某只股票,只要不是对敲,就绝不是违法交易。在我看来,这不是控制市场。"

佩克拉先生:"你难道明白被控市场是怎样的市场?"

惠特尼先生:"我明白——我想我也明白你的意思,但我并没具体听说过被控市场。如果你能给我举例说明你的意思,我就能试着回答你的问题。"

佩克拉先生:"没问题,就是买入价和卖出价几乎出自同一方或者同一组或同几组交易者的市场。"

惠特尼先生:"但没人阻止其他对那只股票感兴趣的人大量卖出或者买入。"

佩克拉先生:"一组交易者就不能采用操纵股市的方式,通过市场运作暂时或多或少地控制价格?"

惠特尼先生:"如果他们炒作的那只股票和他们的资金扛得住,那么就是这样。"

佩克拉先生:"股市上就不可能发生这种事情?"

惠特尼先生:"如果市场上不存在任何与这种操纵相关的不正当交易,那么,我的回答是:交易所就不会反对这种事情。交易所绝不会反对某人或者某只集合基金出价40美元买入5 000股某只股票,然后按40.125美元的价格卖掉这些股票。"

佩克拉先生:"一组借助于集合基金来运作的投资者也许很容易控制市场价格,至少是暂时或者出于操纵的目的?"

惠特尼先生:"阁下,对于这个问题,我的回答是'是的',但条件是……"

佩克拉先生:"某只给定股票的市场价格?"

惠特尼先生:"只要这只股票和他们的资金扛得住,那么确实如此。"[10]

难道真如惠特尼所描述的那样,集合基金买卖股票有悖于自由市场的最优规则?

1929年有107只在纽约证券交易所挂牌上市的股票受到了一种或更多集合基金式活动的影响。

由于撤销禁令已经指日可待,1933年出现了一个误导性事实的经典例子。"撤销"股票变得非常流行。一只专炒利比—欧文斯—福特玻璃公司(Libbey-Owens-Ford Glass Company)股票的集合基金成功地炒高了这家公司股票的价格,因为酒精饮料需要大量的玻璃瓶。然而,伊利诺伊州欧文斯公司(Owens-Illinois)制造玻璃瓶,而利比—欧文斯—福特玻璃公司只生产平板玻璃。在听证会上,没人作证证明集合基金散布了误导性信息。事实上,举行听证会的参议院银行与货币委员会只发现了很少的误导性信息。例如,在听证会上,有参议员用 E. F. 赫顿公司(E. F. Hutton and Company)发布的关于美国商业酒精公司(American Commercial Alcohol)股票在交易所会员券商赫顿公司老板鲁洛夫·卡腾(Ruloff E. Cutten)持有该股期权的 1932 年 9 月 12 日~1993 年 5 月 12 日这个时期的行情报告说事。

参议员亚当斯(Adams):"这份行情报告是通过什么渠道发布的,发布面有多广,用意是什么?"

卡腾先生:"阁下,是通过我们的电报系统发布的。它是一张关于这只股票交易规模的报表,对特定日期行情如何表现进行了评论。行情报告发布了早晨对前一天晚间消息的点评,并且会提到前一交易日表现好或者表现不那么好的股票。"

参议员亚当斯:"行情报告是否向交易所全体会员发布?"

卡腾先生:"噢,不是,阁下。"

参议员亚当斯:"只发给关联经纪人?"

卡腾先生:"只发给我们自己的营业所。"

参议员亚当斯:"没有散发给你们的客户,尤其是来你们营业所索要行情报告的客户?"

卡腾先生:"行情报告张贴在信息窗里,客户来营业所就能看到。"

佩克拉先生:"来你们营业所的所有客户都能看到?"

卡腾先生:"是的,阁下。"

佩克拉先生:"行情报告是不是经常被公共媒体援引?"

卡腾先生:"我想是的,但我不认为它们会提到某只具体的股票。我相信,不管出行情报告的经纪人是看涨还是看跌市场,他们只谈市场趋势。"

(1932年和1933年出的)几期行情报告都有正面评价美国商业酒精公司的信息。例如:

"有几只股票显示出与众不同的抗跌能力,如'商业酒精'和'可口可乐'。相对于美国工业酒精公司(United States Industrial Alcohol)股票的疲软表现,'商业酒精'显著的坚挺表现直接把市场的注意力引向了这两家酒精生产公司本年度的相对收益能力。据保守估计,美国商业酒精公司预计本年度会有每股 3.50 美元的净收益,而美国工业酒精公司预计普通股每股能有 2.50～3.00 美元的收益。

"在大盘掉头大幅下跌之际,'商业酒精'在前市遭遇卖盘打压之前已经创下本年度新高。有些研究酒精制造业的学者对这家公司有利的竞争地位印象深刻,他们预测美国商业酒精公司可望在不远的将来赶上美国工业酒精公司。

"寒冷的冬天可能帮助酒精公司销售了大量的防冻混合剂,致使第 4 季度的净收益大幅增加。根据已公布的季度业绩估计,美国商业酒精公司第 3 季度每股收益超过 85 美分,因此前 9 个月的每股净收益达到了 2.10 美元。第 4 季度普通股每股可实现收益将超过 1.59 美元,从而使得全年每股净收益可望达到 3.00 美元以上。"

有证词表明,卡腾先生持有美国商业酒精公司股票期权的消息并没有对外披露。

佩克拉先生:"我刚才读了一些摘自行情报告、有关美国商业酒精公司的引文,你能否解释这些引文可以说明你们的客户并没有购买'商业酒精'股?"

卡腾先生:"不,我没法解释。"

佩克拉先生:"发布行情报告难道不是为了影响客户去购买这家公司的股票?"

卡腾先生:"不错,是想叫他们注意这只股票。"

佩克拉先生:"以一种偏袒的方式来叫他们关注这只股票,从而诱使他们购买?"

卡腾先生:"您说的没错。"

佩克拉先生:"这就对了,这不是在向他们推荐股票?按照你对'推荐'这个词的理解,是这样吧?"

卡腾先生:"或许是吧。可阁下,行情报告没有提到任何其他股票。"

佩克拉先生:"当你以这种方式推荐股票时,你有没有告诉你的客户你在这只股票上有自己的利益(它就是你持有这只股票 30 000 股的股票期权)?"

卡腾先生:"没有,我没有告诉他们。"

虽然赫顿公司持有美国商业酒精公司股票的信息最好能够披露,但看到赫顿公司行情报告的股民并不是很多。

关于美国商业酒精公司的一份机密评估报告称,"我认为,我们可以把这只股票推荐给那些希望紧跟投机形势的股民,就说这只股票在未来半到一年的时间里大有希望。我不认为,这只股票从任何意义上看都适合投资"。[11]

这也不是什么会引起公愤的消息,肯定不会驱使我们断定 1929 年的股市被过度操纵。听证会没有发现关于 1929 年股市崩盘的确凿证据。

卖空交易

1929 年,做空市场的大有人在,而且非常活跃。但遗憾的是,我们没有找到我们想要的 1929 年前 10 个月的卖空交易信息。

1929 年秋天崩盘以后,纽约证券交易所对 1929 年的卖空交易进

10 保证金交易、集合基金、卖空交易与1929年崩盘

行了调查,但我们没有找到这次调查收集到的数据。

纽约证券交易所交易行为委员会(Committee on Business Conduct)要求交易所全体会员提供以下有关纽约证券交易所上市公司股票(不包括散股交易)融出或融入或者未能交付的信息:

1. 列明融入股票,说明从谁那儿、为谁融入;
2. 列明融出股票,说明融给了谁;
3. 券商内部融券和为谁融券的信息;
4. 列明自己未能交付的股票,并说明是为谁做的交易。[12]

米克(Meeker)给我们提供了一些有关1929年的信息,但很遗憾,我们获得的信息并没有覆盖1929年9~10月这个时段。[13] 1929年11月12日,纽约证券交易所有5 700万美元(759 710股)的空头头寸,而这些股票被做空的公司有193.73亿美元的(股票)市值(共有234 447 293股)。这些数据是由空头头寸超过50万美元的券商提供的,我们没有找到纽约证券交易所1929年9月和10月的卖空交易数据。空头袭击和卖空交易被认为是所有股市崩盘的一个非常重要的组成部分。马丁·迈耶(Martin Mayer)认为"华尔街90%左右的重挫都源自于卖空交易"。[14]

那么,卖空交易在导致1929年股市崩盘方面起到了多大作用呢? F. R. 麦考利和大卫·杜兰特(F. R. Macaulay and David Durand)为21世纪基金(Twentieth Century Fund)进行了一项详尽的研究。[15] 可是,他们俩的研究对于评估卖空交易对1929年股市的影响只能提供很小的帮助。

"从统计的角度看,十分遗憾,像亨利·克卢斯(Henry Clews)的

书或者丹尼尔·德鲁(Daniel Drew)的传记那样饶有兴趣地描述的耸人听闻的市场操纵事件都发生在前统计时代。每天的收盘价倒是可追溯到久远的年代,但没有连续的卖空交易数据。除了一个覆盖1929年11月9个交易日然后就上溯到1931年5月后的简短序列以外,这份报告没有提供任何统计资料。"[16]

他们俩最后下结论说:

"根据纽约证券交易所成立初期的非统计记录,卖空无疑常常对个股的价格波动,有时对大盘走势产生暂时的干扰。但几乎没有证据能够证明,即使在纽约证券交易所成立初期,卖空曾经也是决定大盘甚或个股幅度较大、期限较长的走势的一个重要因素。"[17]

因此,我们可以假设,卖空交易促成了1929年10月纽约股市的震荡,但我们不能确定卖空交易影响的量级。我们没有找到1929年前8个月的统计证据。

威廉·克拉波·杜兰特

威廉·克拉波·杜兰特(William Crapo Durant)是20世纪20年代纽约证券交易所有影响力的投机者(或者大投机商)之一。

威廉·克拉波·杜兰特在美国工业界非常有名,因为他是通用汽车公司(General Motors Corporation, 1908)的创始人。在创建通用汽车公司之前,他是美国货运马车和客运马车的主要生产商。杜兰特对我们国家的经济发展做出了巨大的贡献,是他第一个想到了制造业纵向一体化和通用汽车公司管理权下放的优势。[18]

10 保证金交易、集合基金、卖空交易与 1929 年崩盘

在 1920 年 11 月 30 日以前,他总能定期连任通用汽车公司董事长。1920 年 11 月 30 日,股票交易亏损(他亏欠银行和经纪人 1 400 多万美元)再加上商业萧条导致他被迫让出通用汽车公司董事长的位置。[19] 阿尔弗雷德·P. 斯隆(Alfred P. Sloan)认为,"杜兰特先生个人的股票交易主要受到了他因通用汽车公司而产生的自豪感和与此有关的各种因素的影响,而且还受到了他对通用未来表现出来的无限信心以及他那很多年来得到很好证明的判断力的影响"。[20] 1920 年导致杜兰特垮台的投机性投资,没过几个月就变成了有利可图的保守性投资。据斯隆估计,杜兰特的投资到了 1947 年 3 月已经达到 25 713 281 美元的市值,这还没有包括 27 033 625 美元的股息。[21]

1929 年 5 月,杜兰特重又出现在了新闻中,他宣布,由于市场价位太高,他已经卖掉了他管理的大部分证券。1929 年的整个夏季,他都待在场外观望。尽管股市继续上行,但他还是抵制住重新入市的诱惑。不过,在 10 月股市崩盘以后,他又重返市场,并且以保证金交易的方式大肆买进。[22] 1930 年春天,他的经纪人替他强行平仓。1936 年,杜兰特宣布破产。杜兰特涉入很深,在股市崩盘时手中还控制着数百万股的筹码,但并没有因此而取得成功。杜兰特甚至还预测到了股市崩盘,并且还采取了相应的措施。他在场外一直观望到 1929 年 10 月股市崩盘以后。股市在 1930 年重回下行通道,杜兰特也迎来了他的厄运。智力、信息和经验没能使杜兰特在 1929 年或 1929~1930 年的股市搏击中取得经济回报。

1929 年股市崩盘

股价一旦下跌,就会因保证金交易账户会被强行平仓而持续下行。根据费雪对 1929 年 10 月形势的描述,当时,持仓者并没有抛售手中的筹码,而是被强行平仓。[23]

1929 年 10 月,非银行贷款人放给经纪人的贷款减少了 20 亿美元,而纽约本埠银行的经纪人贷款则增加了 10 亿美元。为了帮助纽约本埠银行,纽约联邦储备银行增加了 1.5 亿美元的会员银行再贴现业务,此外还在公开市场上购买了 1.5 亿美元的美国政府证券。10 月 31 日,纽约联邦储备银行把再贴现率从 6％降到了 5％,并且在 11 月 15 日又把自己的再贴现率降低到了 4.5％。

我们来设想这样一种情形:一个投资者用 10％的保证金、按每股 100 美元的市价买入某只股票 100 股,因此总共欠下 9 000 美元的债务,即每股 90 美元的债务。现在假设其他投资者抛售这只股票,导致这只股票的价格跌到了 90 美元(有关触发事件的更多内容,请看下文)。新的股价只够偿付每股 81 美元的债务。因此,我们假设的这个投资者必须筹措 900 美元才能弥补债务缺口。如果这个投资者不能从别处筹到这笔资金,那么就得卖掉手中的部分股票(即投资者被迫强行减仓)。如果有越来越多的投资者遇到了债务缺口问题,那么就有越来越多的仓位被强行减持,从而驱使股价进一步走低。由此可见,股市能够自行促成崩盘。

那么,哪些因素能够触发最初的卖盘呢?1929 年夏天,法国人与英国人发生了分歧,法国人突然抛售他们持有的英国证券,这些卖盘在伦敦引发了一次小规模的恐慌。同样,英国人在9月发现,向来值得信赖的哈特利投资公司伪造有价证券,并且只有400万英镑资产,而负债倒有2 000万英镑。结果,这家投资公司宣布破产,而这起破产案导致英国投资者不得不抛售美国证券,伦敦证券交易所以及巴黎和柏林股市也都出现了大量的卖盘。哈特利公司破产事件不就是扔在一片被美联储货币紧缩政策和高保证金规定"烤干了的树林"里的一根火柴?

1929年9月21日,《商业与金融纪事报》报道称,罗杰·巴布森再次预言股市将崩盘;"这次被预测到的股市'崩盘'如果真的发生,无疑本身就有严重灾难的元素"。[24]

9月28日的《商业与金融纪事报》又报道说,英格兰银行把再贴现率从5.5%提高到了6.5%(8年来的最高点)。这一周,英格兰银行的黄金储备减少到了1.33亿镑,1年减少了4 000万英镑。该报道还推测"首要原因就是发现了纽约股市持续那么长时间的大规模投机"。[25] 7个国家的中央银行提高了再贴现率,从而削弱了外国投资者购买美国股票的意愿。

联邦储备委员会在1929年9月报告称,8月基础产业产值仍高于7月,但增幅小于以往。

1929年10月5日,《商业与金融纪事报》的评论员文章是这样描述经纪人贷款规模的:经纪人贷款"已经达到了如此骇人听闻的规模,以至于本评论员不知道如何措辞来表述"。[26] 9月30日,交易所会员的借款总计已经达到了85亿美元。

10月19日的《商业与金融纪事报》在解释股市那一周的疲软表现时把钢铁业不景气以及马萨诸塞州公用事业部不允许波士顿爱迪生电力照明公司(Edison Electric Illuminating Company)拆股认定为主要的萧条影响因素。由于不准拆股的决定以及做出这项决定的原因解释,公用事业股遭遇了严重的下挫,"爱迪生电力"每股蒸发了100美元。

美联储不但在1929年春季和夏季紧缩了信贷,而且在1929年的前10个月发行了81亿美元的国内公司证券,而1928年只发行了43亿美元的公司证券。[27]仅1929年9月就发行了10亿美元的公司证券。[28]

10月24日星期四,纽约股市出现了第一波大跌行情。10月26日的《商业与金融纪事报》主要把股市大涨大跌归咎于美联储从1927年开始执行的货币宽松政策。11月9日的《商业与金融纪事报》发文表示,股市并没有出现任何竞相抛售的现象,而是被迫强行清仓。

1929年11月的《纽约第一国民银行简报》称,从1928年到1929年,银行贷款和投资基本上没有增加。1928年6月30日,发布公告的会员银行已经有220亿美元的贷款和投资,而到了1929年6月30日仍只有224亿美元,增额微不足道。在这一年里,银行既没有对经济或股市注资也没有进行投资。

市场价位与信贷

对证券的需求受到投资者对未来现金流预期的影响,但也受到

保证金交易、集合基金、卖空交易与1929年崩盘

投资者购买证券的能力的影响,而投资者的这种能力则取决于信贷可获得性。

假设证券贴现利率是10%,投资者预期证券收益率不会增长,而每年收益总计100美元。因此,证券市值是1 000美元。假设债务—证券价款比率是2/5,那么用于为1 000美元证券融资的债务就是400美元。

现在假设投资者预期发生变化(但资产实际金额没变);投资者现在预期6%的年收益增长率。证券市值将按下式增加:

$$P = 100 美元/(0.10 - 0.06) = 2\,500(美元)$$

原来的投资者在卖掉证券以后就还清了400美元的债务,还剩下2 100美元,这就意味着他的财富增加了1 500美元。现在维持2/5的债务—证券价款比率这个假设不变,新的证券所有者需要举借1 000美元的债务才能为购买证券的2 500美元价款融资。信贷市场必须愿意提供1 000美元的信贷。如果利率因信贷市场受到来自乐观的投资者和实施紧缩政策的美联储施加的压力而上涨,那么,证券价格就会下跌(贴现率上涨,而收益增长率下降)。

通过同时假设券商部分采取债务融资的方式发行新证券[29],以上这样的分析可能会变得更加复杂,而信贷市场受到的影响就更加显著。

经纪人贷款—股票市值比率从1927年的8%上涨到了1929年的9.8%。虽然不同时期的这种比率关系有所不同,但1929年的这种比率关系与不远的过去并无不同。1929年8月,经纪人贷款占股票市值的比例是9.2%。[30]

承认借给经纪人的通知贷款当时并非风险很大,也很重要。

1929年10~11月股市下跌并没有导致一家纽约银行或者纽约证券交易所经纪行破产。[31]只有两家外埠小经纪行丧失了清偿能力,但没有给通知贷款的贷款人造成任何损失。

1929年既有集合基金也有卖空交易,但我们没有任何证据能够证明集合基金或者卖空交易(或者两者合并)是造成1929年股市崩盘的一个显著因素。它们导致了一些值得注意的细枝末节,但几乎没有证据证明它们显著加剧了10月股市下跌的严重性。

注释:

1. Committee on Banking and Currency, *Stock Exchange Practices* (Washington, D.C.: U.S. Government Printing Office, 1934), p.9.

2. I. Fisher, *The Stock Market Crash and After* (New York: Macmillan, 1930), p.41.

3. *The Federal Reserve Bulletin*, Dec. 1929, p.783.

4. E. H. H. Simmons, *The Principal Cause of the Stock Market Crisis of Nineteen Twenty-Nine* (New York Stock Exchange, 1930), p.10.

5. Fisher, *The Stock Market Crash*, p.229.

6. Ibid.

7. *The First National City Bank of New York Newsletter*, Nov. 1929, p.164.

8. Ibid., p.159.

9. Iid., p.164.

10. *Stock Exchange Practices*, pp.31-32.这里的惠特尼即1929年时任纽约证券交易所副总裁的理查德·惠特尼。

11. Ibid., p.42.

12. As Shown in J. Edward Meeker, *Short Selling* (New York and London:

Harper,1932),p.251.

13. Ibid.,p.252.

14. M.Mayer,*Wall Street:Men and Money*(New York:Harper,1955),p.75.

15. F. R. Macaulay and D. Durand, *Short Selling on the New York Stock Exchange*(New York:Twentieth Century Fund,1951[Mineographed]).

16. Ibid.,p.ix.

17. Ibid.,p.xiv.

18. A. P. Sloan, Jr., *My Years with General Motors* (Garden City:Doubleday,1963),pp.3—7.

19. Ibid.,pp.35—38.

20. Ibid.,p.38.

21. Ibid.

22. Dana L.Thomas,*The Plungers and the Peacocks*(New York:Morrow,1967),p.243.

23. Fisher,*The Stock Market Crash*,p.44.

24. *The Commercial and Financial Chronicle*,Sept.21,1929,p.1008.

25. *The Commercial and Financial Chronicle*,Sept.28,1929,p.1957.

26. *The Commercial and Financial Chronicle*,Oct.5,1929,p.2121.

27. *The Federal Reserve Bulletin*,Dec.1929,p.757.

28. Fisher,p.48.

29. 关于金融市场信贷可获得性对实体经济部门影响的值得关注的研究,请参阅 B.S.Bernanke,"Nonmonetary Effects of a Financial Crisis in the Propagation of the Great Depression,"*American Economic Review*(June 1983):257—276。

30. *Forbes*(Aug.15,1929):11.

31. Simmons,*Principal Cause*,p.11.

11

1987年的股市崩盘

在那些不堪回首的死气沉沉的日子里,一天,一名外地游客来到纽约金融区游览听说了很多新鲜事。一大批游客来到炮台公园,一名导游指着一些抛锚停泊在港口里的小船说:"请看,那里停泊着一些银行家和经纪人的游艇。"

"他们客户的游艇在哪里?"这个天真的外地游客问道。

——小弗雷德·施韦德,《客户的游艇在哪里?》

1982年,美国的两位数通货膨胀得到了控制,美联储放松信贷,政府削减税收。经济衰退结束,股市迎来了一轮牛市。

20世纪80年代的牛市始于1982年,并且一直持续到1987年10月19日(或者持续了更长时间,具体取决于如何定义牛市)。道琼斯工业股平均指数从1982年8月的777点上涨到了1986年12月的1 896点。1987年,股价加速上涨,8月道琼斯工业股平均指数报收于2 722点的最高点,1987年8月25日曾达到2 747点的日内最高点。

11
1987年的股市崩盘

1987年10月14日上午,美国政府公布了157亿美元的商品贸易逆差。这个贸易逆差额大于预期。同日,众议院筹款委员会建议立法取消举债购并公司的税收优惠。同样,绿票讹诈对象也要受到一种特别税的惩罚,购并交易的风险套利者们有动机减持股份。

这天收盘时,道琼斯工业股平均指数在2.07亿股的交易量上下跌了95点,10月13日报收于2 506点,而10月14日以2 480点开盘,并以2 411点收盘。

虽然10月15日纽约股市以较低的价格开盘,但当日前市一度收复失地。后市后期,市场突然出现了大量卖盘,大盘下跌并报收于2 354点。这一天,道琼斯工业股平均指数跌掉了57点。

10月16日,道琼斯工业股平均指数报收于2 246点——在3.38亿股的交易量上下跌了108点。这是纽约证券交易所有史以来最大的单日跌幅(按点数计)。当日盘中甚至出现过更大的最大跌幅(道琼斯工业股平均指数一度曾跌到2 223点)。道琼斯工业股平均指数在3天里跌掉了260点。10月16日是星期五。

10月19日,先是东京股市,然后是在伦敦股市出现了大量的卖盘,美国各股市开盘后也出现了大量的卖盘。股市出现天量卖单,但只有很少的买单。道琼斯工业股平均指数报收于1 738点(当日最低点),在6.04亿股成交量上下跌了508点(跌幅达23%)。10月19日可以与其他有记录的任何糟糕交易日一比高下,并且因股价跌幅巨大而被认为是纽约证券交易所有史以来最糟糕的交易日。

10月20日,东京和伦敦股市空方卷土重来,股价急剧下跌,而纽约股市刮起了一股抢购风。开盘1小时后,道琼斯指数上涨了200

点。当日盘中价格起伏不定,道琼斯指数一度跌破1 720点,后又收复失地并报收于1 841点——当日道琼斯指数上涨了103点(按点数计是有史以来最大的单日涨幅)。

当时一个有助于支撑市场的因素是上市公司的回购计划,上市公司出于不同的动机,以它们认为的低价回购自己的股票。在10月19~23日的几天里,有129家标准普尔指数成分股上市公司纷纷买进自己的股票,回购量达到了9 040万股——占纽约证券交易所同期总成交量的3.9%。10月23日,上市公司回购成交量占纽约证券交易所总成交量的6.5%(占回购公司股票买入量的比例就更大)。11家回购股票超过其总股数50%的公司股票损失市值13%,而非回购公司股票则损失市值16.5%。

10月20日星期二上午(在美国股市开盘之前),美联储公布它已经做好通过金融系统根据需要提供流动性的准备。这一公告起到了消除市场疑虑的作用,并且很可能有助于扭转市场颓势。

股市的交易能力已经衰竭至极,市场因为交易量骤减而濒临崩溃。

星期二以后,股市需要"休息",于是就暂时休市。市场终于停止震荡。从10月13日收盘时的2 506点到10月19日收盘时的1 738点,道琼斯指数已经跌掉了768点(跌幅达31%),或者大约跌掉了10 000亿美元的市值。

然而,如果我们取10月20日收盘时的1 840点,那么,这个道琼斯指数值几乎与1986年12月的道琼斯指数值相同。1987年,股市先是大幅上涨,接着又大幅下跌,几乎回到年初的水平。

11 1987年的股市崩盘

有人担心,触发以上事件的是股价下跌速度。投资者如果觉得应该根据某个价格序列安排出售股票的时间,那么就可在完成交易一段时间后按非常不同的价格序列(较高或者较低)卖出手中的筹码。在价格起伏不定时,推迟交易是家常便饭,而且间隔时间也很长。

美国在经历了1929年的黑色星期二和黑色星期四以后,现在又遭遇了1987年的黑色星期一。

1987年4个交易日31%的跌幅堪与1929年10月24~29日34%(从1929年10月24日收盘价到10月29日的当日最低价)的跌幅一比高低。

1987年10月中旬疑似触发美国股市抛售狂潮的因素是:

(1)政府公布贸易逆差数据,从而导致货币市场不稳定;

(2)政府颁布新税法,从而减少了公司购并交易;

(3)世界许多主要经济体的经济增长速度放缓;

(4)利率上涨;

(5)高市盈率(平均超过20倍);

(6)高市净率(大于2);

(7)道琼斯指数已经开始从8月2 722的高点下滑到了10月13日的2 507点;

(8)连续(尤其是在1984年和1986年)进行不利于企业和投资者的税改;

(9)联邦预算赤字不断。

我们不清楚纽约股市为什么会在1987年10月14~19日间如

此急剧下跌,不过可以推测8月2 722点(或2 747点)的股市价位太高。但是,当时有许多理由可以认为大盘会继续上行,其中一个比较重要的因素就是外国(尤其是日本)投资者竞相购买美国的股权投资品种。在1987年的前9个月里,日本投资者购买了150亿美元的美国股票。然而,对美元未来币值的预期成为日益重要的影响因素,而贸易逆差的公布又加剧了对美元进一步贬值的担心。

促成1982～1987年牛市的因素包括:

(1)有些行业放松了监管,包括金融业;

(2)在这个时期的大部分时间里对投资者和企业实施了税收激励(1987年底才告结束);

(3)企业购并;

(4)股权回购(对实体经济和股市——按道琼斯工业股平均指数计——都产生了影响);

(5)外国投资者热衷于购买美国证券;

(6)这个时期投资很容易取得成功;

(7)在这个时期的大部分时间里,利率下降;

(8)商业相对繁荣、活跃("里根欣快症");

(9)投资组合保险被认为允许一大部分资产投资于股票,从而推高了相同风险条件下的预期回报率;

(10)东京股市的高市盈率导致美国股票显得定价相对较低;

(11)美国因政局相对稳定而成为较为理想的投资场所;

(12)白宫有一个支持商业发展的总统。

在美国迎来牛市的同时,日本经历了超级牛市。东京证券交易所的新股指从 500 点上涨到了 2 000 点。伦敦证券交易所全股指数 (FTA All Share Index)从 300 点上涨到了 1 200 多点。就如预期的那样,这两个股市上市公司的市盈率以惊人的速度上涨:东京股市上市股票的平均市盈率从 1982 年的 20 倍上涨到了 1987 年的 70 多倍,伦敦股市上市股票的平均市盈率从 1982 年的 11 倍上涨到了 1987 年的 18 倍。

相关指标计算

各主要股市股票市盈率长期上涨,它们是预期收益增长率(再投资和回报可能性)和(现在和未来)利率水平的函数。从 1950 年到 1987 年,标准普尔 500 指数成分股的市盈率最低不低于 6 倍或者最高不超过 25 倍。1986 年和 1987 年,这些股票的市盈率平均趋近于 20 倍,自 1982 年以来实现了大幅上涨。1987 年初,标准普尔 500 指数成分股的市盈率是 16 倍(采用 1986 年的收益计算),而随着股价的快速上涨,市盈率迅速突破 20 倍。伦敦股市从 1982 年一直持续到 1987 年的牛市在很大程度上是由平均市盈率从大约 8 倍到 20 倍的增长驱动的。纽约股市道琼斯指数上涨了 3.3 倍(2 722/777),而平均市盈率则增长了 2.5 倍(20/8)。

股票价格与账面价值比有望趋近于 1。1950 年,这个比率是 1.1,在 1960~1972 年间曾几次达到了 2.2 的高点,1982 年跌到了 1.1,后来又在 1987 年 10 月崩盘之前上升到了 2.7。

1987 年,股票的股息收益率大幅度下降。1959 年以前,股票收益率略高于债券收益率。债券收益率—股票收益率比逐渐上涨,在1987年初达到了2.5。1987年,这个比率上涨到了4.4的历史最高点。1987年8月股价已经很高,并且在10月14日仍处于高位。

投资组合保险与程式交易

投资组合保险是一种旨在通过在价格下跌时卖出股指期货(如果价格进一步下跌,股指期货投资者就能赚钱)或者卖出股票并买进短期证券(即使市场进一步下跌,也能确保最低资本额)来限制可能发生的损失的投资策略。在1987年10月股市突然掉头下行期间,股指期货价格迅速大幅下降,结果在卖出股指期货时已经发生了过大的损失。同样,实际出售股票的卖出价往往低于决定出售时的预期价格。

程式交易或者股指套利旨在赚取某个股指期货成分股总价值与股指期货价值之间的差价。如果股指期货的价格太低,程式交易者就买进股指期货并卖出股指期货成分股;如果股指期货价格太高,程式交易者就卖出股指期货并买入股指期货成分股。由于很多普通股的市场价格无法确定(交易报告往往要滞后一段时间),相对于成分股价格,低股指期货价格只能反映滞后报告的较新股价,而不是实际价差。

一旦股价下跌,利用股指期货的投资组合保险可能支持甚至加剧价格下跌。但是,如果没有股指期货可卖,投资者可能就要出售股票,从而也会加剧股价下跌。

投资组合保险理论鼓励投资者持有较多的普通股,从而导致在价格下跌时投资者变得更加紧张,并且更有可能抛售手中的股票。从1987年10月14～19日,纽约股市的投资者就是这么做的。

与1929年的比较

按照传统的股票市盈率以及市净率计算方法,1929年和1987年价位有点偏高的纽约股市终于崩盘。1929年,美国的实体经济活动追随股市快速下挫,从而导致了大萧条。

如果认为1929年10月以后发生的事件在1987年10月以后也必然会发生,那么当然会失之于过分天真。我们没有任何理由认为1987年10月14～19日也是一场经济灾难。

1987年确实有10 000亿美元的证券市值蒸发了,但请记住,这10 000亿美元的账面价值从1986年12月开始就一直存在。因价值泡沫膨胀而获益的投资者后来随着泡沫的破灭而受到了伤害,但平均而言,投资者在价格上涨时赚,而在价格下跌时赔,仅仅是不赔不赚,打了个平手而已。

显然,有些投资者在8月大盘触顶时买进,因股价下跌而赔了钱(甚至赔了个精光)。有些投资者在价格下跌时确实赔了钱,但没人会指望股价只涨不跌。有些投资者做一些奇异投资交易(如卖出看跌期权),从而在市场大跌时避免严重亏损。明智的投资策略应该预想到股价既然会涨就必然会跌。

1987年的股市崩盘明确了一个我们在研究1929年10月崩盘时

已经明确了的事实：我们不知道股票价格为什么会在1929年10月和1930年、1931年及1932年大幅下跌；我们不知道为什么1987年10月14～16日和19日这四个交易日会导致1987年蒸发掉那么多的股票市值。我们无法以任何程度的可靠性来预测股价走势变化，这可是一个极其重要的教训。

12

应该吸取的教训

我听说过牛市赚钱,还听说过熊市赚钱,但就是从来没有听说过猪市也能赚钱。

——《福布斯》(1929 年 12 月 15 日)

我们试图阻止投机狂热。

——《赫伯特·胡佛回忆录》(*The Memoirs of Herbert Hoover*)

第二章标题

我们无从知晓 1929 年 10 月股票价格是否太高。有大量的证据(包括一些非常聪明、消息灵通的人士的投资决策)驱使我们推断股市在崩盘前的高位并不是投机者过度投机的结果,而是由消息灵通的投资界人士有根据的乐观情绪造成的。

那么,如果 1929 年股市并没有处于过高的价位,为什么会在 10 月突然急剧下挫,并且又在 1930 年、1931 年和 1932 年卷土重来呢?显然,实体经济繁荣的退去是导致后续股市大跌的终极因素。

那么，1929年的股市下挫是由什么原因造成的呢？与其自诩知道这个原因，还不如让我们来看看有可能促成1929年10月股市下跌的各种不同事件。

(1) 8月，纽约联邦储备银行在对利率很敏感的建筑业已经很疲软的情况下把再贴现率从5%提高到了6%。

(2) 普通股投资借款成本与股票收益率之间持续存在的缺口因为再贴现率上调而扩大。

(3) 如果我们排除股价上涨预期，那么，普通股投资与其他替代性投资相比就失去了吸引力。而美联储实际采取行动排除了未来股价上涨的预期。

(4) 由于纽约联邦储备银行感觉到了联邦储备委员会为限制给投机融资的贷款而施加的无情压力，因此，经纪人贷款变得越来越稀缺。

(5) 哈特利公司的造假丑闻导致英国人撤回了投资在美国的资金，并且还加剧了紧张气氛。如果说英国能出现这种情况，那么，美国也同样有这种可能性。

(6) 9月28日，英格兰银行把再贴现率从5.5%提高到了6.5%。而且在这一年的早些时候，英格兰银行已经把再贴现率从4.5%提高到了5.5%。再贴现率的提高降低了投资美国证券的相对吸引力。

(7) 某些行业(如建筑业)正在显现疲软的迹象。

(8) 马萨诸塞州公用事业部否决了波士顿爱迪生电力照明公司提出的拆股申请。更重要的是，有人宣称，这只股票并不值它的价格，并且预期这家公司会减少派息。这只股票的价格下跌了100多美元。

(9)包括财政部长在内的重要人物发表讲话表示,股价太高,存在过度投机的问题。

联邦储备委员会和会员银行为了限制信贷采取的各种行动产生了作用。鉴于反投机战已经打响,市场心理迟早会发生变化,而市场情绪就在1929年10月发生了重大变化。有很多原因导致人们预期股市下跌。除了哈特利丑闻这样的原因外,导致股市下跌的所有原因全是由政府决策者造成的。就连建筑业的衰退也可归因于利率上涨和信贷的进一步收紧。

希望自己"成为投机者"的人最后终于成了投机者,但也成了国内和国外的小投资者和大投资者。少数"看跌市场"的人士做卖空交易,并且发了大财,而欧文·费雪炒股赔了500万美元外加他的房子。

当时的普遍看法是市场价位太高,必然会跌。国会议员施压打压纽约投机者,并且取得了成功。

后来,普遍观点又认为投机者驱动了市场:"股市继续显示出它对投机者而不是投资者的吸引力。任何希望买股赚钱的人现在必须在曾经最引人注目的股票中寻找一些合适的股票。他们很可能会听从梅隆先生的劝告去购入债券。"[1]

据说,有一个重要的银行家说过:"我摒弃了我过去坚持的每一种理论。旧式推理方法不再适用——除了得出不幸的结果。我不想自诩有能力找到一切可能的原因,我也不想自称知道会出现什么结果。不管怎样,我再也不会违背现存的现实,我现在遵从现存的现

实,而不是理论。"²

他的这段话表明,就连重要的银行家现在也变成了投机者。

在1929年股市下跌之前,J. S. 劳伦斯(J. S. Lawrence)表示:"我们得出了以下这个令人讨厌的结论:无论是联邦储备委员会还是它的下属机构,都在非理性偏见的驱使下采取了不利于股票市场的行动;联邦储备委员会觉得现在大部分股票的卖出价全都太高。因此,这个委员会义愤填膺地剥夺了怀疑论者的权力。"他还坚持认为,联邦储备委员会的直接行动政策"是建立在一种外省对华尔街无以复加的偏见和加尔文教派对赌博的厌恶的基础上的"。³

股市崩盘以后,美国人普遍认为(迄今仍然如此),投机者过度推高了股票价格,因此股价下跌在所难免。不过,也有一些不可思议的解释。例如,1930年2月的《财富》杂志把股市崩盘归因于1929年前6个月工业非同寻常的活跃和实现利润。

1930年10月,美国投资银行家协会会长特罗布里治·卡拉威(Trowbridge Callaway)在新奥尔良会员大会上发表了讲话。他也选择把在所难免的股市崩盘归因于投机。

"席卷我们国家的投机狂热已经过去,而深刻反省现已成为一种惯例,而不是特例。旧时的价值评判标准重又流行起来,而作为投资银行家,我们能为把储蓄直接用于建设性的可信赖用途做出自己的贡献……在你们的帮助和广泛影响下,我们就能更容易恢复正常的信心,而作为基本规律的供求关系也会重新恢复平衡。"⁴

就连纽约证券交易所总裁在1930年1月25日发表的讲话中也表示,"造成这次恐慌的主要原因无疑是美国那么多上市公司股票达到的高价位……不管怎样，持续到 8 月的高股价导致股市极易受到股价大跌的伤害"。[5]

美国钢铁公司总裁迈伦·C. 泰罗(Myron C. Taylor)在对卡内基学院(Carnegie Institute)学生讲话时谈到了股市崩盘的问题。他表示，股价早已超涨，于是到了 10 月就得深度下跌：

"其次，在另一种大众心理的恶劣影响笼罩我们国家的时候，我们只能把我们刚刚经历的危机归因于把证券价格抬高到了远远超出任何能够确保工业实现利润或者投资者获得收益的水平。"[6]

通用电气公司(General Electric Company)董事长欧文·D. 杨(Owen D. Young)以及很可能大多数那个年代的著名工业家都同意泰罗关于 1929 年 11 月股市已经处于超卖状态的观点：

"那些自愿按照市价卖掉股票的股民真是愚蠢至极。

"我们银行业有非常雄厚的资金实力，我们的一般金融状况从来没有像现在这样健康。我们的工业没有过多的库存拖累，因此在物质和财务上都处于健康状态。经济呈现一派繁荣的景象。

"当然，如果股市疯狂再进一步加剧，那么必然会殃及经济。但是，股市疯狂没有任何理由会进一步加剧，因为它已经发展到远远超出愚蠢的程度。"[7]

然而，影响股市健康的最重要因素就是新当选的总统赫伯特·胡佛公开宣布向投机开战。早在 1925 年，胡佛就公开指出了投机的危险性。[8] 胡佛于 1929 年 3 月就职，从而使得联邦储备委员会能够在这一年的 2 月采取行动制止股市投机。胡佛援引赞成他本人主张的阿道夫·米勒的话说：

"看来事实就是,联邦储备委员会在1928年1月就想遏制投机,但遭到了柯立芝总统的拒绝。柯立芝总统在白宫发表了他著名的讲话表示,投机并不危险,只不过反映了美国正在不断增长的财富和经济实力。

"联邦储备委员会在胡佛先生即将就职的时候只不过开始发出一些警告。当时,联邦储备委员会这样做并没有错,因为胡佛先生从1926年起就一直表示美联储的货币政策肯定会导致灾难和不幸。胡佛先生在他就任总统之前和以后不顾一切地制止信用过度,他希望遏制当时仍在恶化的不折不扣的信用过度问题。他在上任以后就是朝着这个方向动用他的影响力的。"9

胡佛不但(通过阿道夫·米勒)鼓动美联储对投机发起进攻,而且还采取了更多的行动:

"因此,除了确保获得美联储的合作以外,本人决心从几个方面来解决问题。

"为了在国民中树立谨慎风气,本人亲自给各大报刊的总编和出版商打招呼,要求他们经常提醒国民警惕股市投机和股价过高。他们大多以发表旗帜鲜明的社论的方式做出了回应。然而,此举并没有产生任何明显的效果。

"财政部长和其他相关人士在我本人的要求下多次发表讲话力劝国民把手中的股票换成债券,而且还建议国民采取其他形式的谨慎措施。这么做也没有收到任何效果。"10

胡佛与美联储主席罗伊·杨有过一次谈话。在谈话中,杨"答应联邦储备委员会将动用一切权力来抑制投机活动"。11胡佛念念不忘

制止股市投机,甚至到了痴迷的程度:

"我们一度几乎成功地抑制住了股市投机。当时,各联邦储备银行联袂紧缩通知贷款,一度甚至达到了市场上无资金可融的地步。股市下挫看来在所难免。可是,纽约国民城市银行总裁查尔斯·E. 米切尔声称,在这个紧要关头,他的银行提供了市场亟需的信贷。

"参议员格拉斯在说到米切尔先生时表达了我的感受:'他公开宣称他对疯狂的股市负有的责任高于他作为纽约联邦储备银行董事宣誓承诺担负的责任……'

"联邦储备委员会应该要求米切尔先生立刻辞去纽约联邦储备银行A级董事的职务。"[12]

在胡佛记述他向投机宣战的回忆录中还有很多这样的例子。胡佛作为当选总统完全可能起到了引发高山雪崩的作用。毫无疑问,如果股市下跌,并且没有发生其他任何事情,那么,胡佛就能为自己制止投机的行动邀功,但就是没人愿意为1929年10月以后美国经济的不幸遭遇承担责任。

遗憾的是,1929年10月以后,美国的经济开始恶化,而1929年秋天已经处于超卖状态的股市在以后3年里,由于商业活动越来越不景气而遭受了重创。

历史学家往往关注股市的投机性高涨,而忽略了1925~1929年的实体经济繁荣:

"美联储在1925年后推行的旨在吸引黄金从欧洲回流美国的宽松货币政策应该为股市的投机性上涨负主要责任。1929年的股市崩盘通常被视为世界经济萧条的开始。但事实上,股市的投机性高涨掩盖了制成品和原材料产量和价格的下行趋势。美国建筑业从1928年夏天起开始衰退,而陷入困境的农场主多年来一直叫苦不迭。"[13]

虽然建筑业已经开始衰退,但其他产业仍在增长。物价下跌趋势并不显著,还不足以引起对经济萧条的担心(1929年实行相对紧缩的货币政策可能引发了恐惧)。有些经济史学家(如米切尔)十分重视农场主遭遇的经济困境,并且认为是农场主遭遇的困境触发了大萧条,但几乎没有证据能够证明是农业困境导致了1929年的股市下跌。

1929年的大迷思

1929年的第一个也是最重要的迷思是:股市在投机者的驱动下明显处于太高的价位。股市由于持续上行,因此达到了太高的价位。几乎没人(除了费雪和劳伦斯)曾费心用股市价位与上市公司利润率和利润增长率来评估股市是否处于太高的价位。但是,1929年股市价位太高远非显而易见。当时,无论是投资者还是投机者,都在买进股票,因此,虽然并非不可能,但很难区分这两种买家。

1929年的第二个迷思与第一个迷思有关,即股市价位太高,因此大跌在所难免。股市确实大幅下跌,但有可能是由联邦政府(联邦储备委员会)采取的行动和联邦政府官员的言论导致的。

当时有很多人关注经纪人贷款,因为经纪人贷款帮助投机者采用保证金交易的方式推高了股价。经纪人贷款过多这一点也远非显而易见,但在贷款人看来经纪人贷款是一种安全的贷款。贷款人要求充分的"保证",因此,它们是安全的贷款。对经纪人贷款安全性的担心是一个迷思;而股市的高价位殃及了美国的繁荣,也是一个迷思。

也有很多人担心,华尔街正在从农业和工业劫走信贷。华尔街信贷对实体经济的影响被认为是一个必须加以控制的负面因素。[14]这个问题完全被联邦储备委员会所误解。

虽然投机者明显受到了打压,但很少有人能够说明投机意味着什么和投机为什么不好。这方面的迷思就是:投机者是推高股市价位、危害他人的一个显著因素。

卖空交易、投资信托和集合基金都受到了导致或者加剧股市下跌的指责。但没有任何证据能够证明这三个因素中的任何一个促成了1929年10月的股市下跌。如果我们一定要从中确定一个可能的罪魁祸首,那么也许就是卖空交易。但很遗憾,我们没有找到经验证据来证明或者证伪卖空交易在导致股市下跌方面的重要性。

一个持续到今天的迷思是:邪恶(欺诈性)的操纵先是推高了股市,然后又导致股市崩盘。虽然我们能够表示确实有些市场行为反映了糟糕的判断能力或者并非完美的道德,但我们不能说这些市场行为明显推高了市场价位或者导致股市在1929年10月发生逆转。

最大的迷思是:投机者必须受到教训;而且,教训投机者在当时成了联邦储备委员会和美国总统的首要经济目标。国会也没有反对"对付投机者"的目标。

那么,为什么如此痴迷于对付纽约证券交易所的投机者呢?"抑制"投机活动,算得上是与部分人为敌,也就是与在纽约证券交易所投资(投机?)的人为敌。

伯纳德·巴鲁克(Bernard Baruch)在一个参议院委员会举行的听证会上作证时给投机者下了一个亲和的定义:"在第一次世界大战以前,我经常进出股市,表现非常活跃。我就是一个你们所谓的'投机者',但我也有自己的投机者定义。我的投机者定义就是观察未来、提前采取行动的人",他还评价了经济学家们的预测能力:

"唯一的经济医生就是经济学家,有人去找他们,并对他们说,'教授,现在的经济怎么会这样?'而这些所谓的经济学家,他们会去了解事实真相和收集数据,并对它们进行综合分析,但他们的预测能力丝毫不比我们强。如果他们真能预测,那么就能赚走全部的钱,而我们只能分文不名。"[15]

一个相对较小的迷思是:大崩盘发生在1929年10月,而股价大部分是在1930年和1931年跌掉的。

佩德森的论文

乔根·佩德森(Jorgen Pedersen)研究得出了与本书相吻合的结论。他认为联邦储备委员会太痴迷于抑制股市投机:

"另一种其实是基于《联邦储备法》本身的措辞而形成的观点认为,美联储的目的就在于促进工商业;除了负责以尽可能低的利率把'储备'信贷发放给工商业,尤其是监督该信贷不得用于'投机'这种通常被美国人谴责为除满足被称为'高级金融'或者'华尔街'的这个神秘怪物的贪婪外没有任何其他作用的勾当之外,美联储没有任何其他功能。"[16]

他还指出,股价并没有太高:"股市的价格运动在这两种情况下都比较温和,而股价上涨是水平较高、相对比较稳定的经济活动持续多年的必然结果。"[17]

那么,联邦储备委员会为什么要在1928年和1929年收紧银根呢?

"这个问题也许就是在问1922~1928年干预倾向背后的理念是什么,我们只能用联邦储备委员会的行为来解释,即抑制在纽约证券交易所出现的投机的意愿"。[18]

佩德森还谈到了股市崩盘是否在所难免的问题:

"有些学者回答这个问题说,不管怎样,股市终有一天要大跌(股市大涨总会结束)。这种观点未必正确。我们完全可以设想,与上涨趋势叠加的股市不可避免的投机性波动可能会发展达到一个稳定水平,这个稳定水平或许略微低于纽约股市1929年上半年曾达到的水平。"[19]

佩德森明确表示,联邦储备委员会对1929年10月股市崩盘负有责任:

"联邦储备委员会的政策通过两个主要渠道产生作用。联邦储备委员会通过限制直接或间接做证券生意的银行的业务,导致它们对丧失流动性过于敏感……此举迟早会抑制投资,从而减少当前或者未来的利润。"[20]

最后,佩德森下结论说:"因此,我的观点是美国有关当局没能放手让股价自由波动,也没有支持经济活动,而是通过'讨伐'股市投机酿成了这场股市危机。"[21]

我们应该吸取的教训

第一,股市乐观情绪与悲观情绪之间的平衡非常微妙。在1928年和1929年,股市乐观情绪持续遭到很多大人物和政府机构不利于投机的言论的打压。我们来看一台差不多处于平衡状态的天平秤,并且在处于较高水平(较轻)的托盘上放上几根稻草。最终,最后一根稻草会导致较轻的一端变成较重的一端。在股市乐观情绪和悲观情绪的较量中情况也是如此:只要不停地重复厄运即将来临,乐观情绪就会被打压下去。

第二,这是一个从众心理问题。一种变化不定的投资者情绪具有传染性,而且还有雪球效应。那么,投资者情绪为什么有时有雪球效应,而有时又没有呢？其实,我们也不知道。因此,对市场下一轮行情的预测是靠不住的。

第三,即使聪明绝顶的人也可能在预测股市接下来会出现什么行情这个问题上犯错。欧文·费雪和约翰·梅纳德·凯恩斯两人在1929年秋天都犯了错误。他们俩没有犯分析方面的错误,而是在预测未来股市走势上出了错:两人都没能预测市场心理。

第四,像股市崩盘这样的重大事件引发了不少调查,调查者们也提出了不少建议。不过,调查也可能掺杂了太多的情感和政治因素而变得无用。调查者们与这些事件关系太密切,因此看不清它们之间的因果关系。无论是调查还是建议,都缺乏客观性,而公道和理解只有在相隔了一个很长的时期以后才可能占据上风。

第五,利用货币供应量来控制股票市场的尝试以非预期的方式影响了实体经济活动。对行为结果的预测随时都可能失败,例如,建设强大的国防机构应该能够保障和平,但也可能不利于我们国家的经济竞争地位。

第六,保证金交易的买家和投机者(包括卖空者)被指责是导致股市定价过高并因此而崩盘的罪魁祸首。这个被广泛接受的观点并没有得到证实,而在今天已经不可能被作为导致股市价格大跌的一个重要因素。

第七,1929~1932年及其后这个时期表明,证明普通股已是一种不受欢迎的投资品种可能需要很长的时间。投资多样化是一个很有说服力的教训。

最后,也可能出现这样一种情况:一些重大事件其实并没有发生过,但因被历史报告人歪曲而被认为可能发生过。20世纪20年代并没有发生过投机狂热,但"对付投机者"的努力很可能对触发30年代的大萧条起到了推波助澜的作用。

关于1929年股市过热因而崩盘的推断实在是一种太过简单的分析,而且并没有事实根据。实际情况可能是:股市是在美联储判定涨得太高以后才达到高位的,后来一些其他事件触发股市下跌,而股市的下跌又因非银行贷款从经纪人通知贷款市场抽走以及贷款成本相对于股息收益的走高而加剧。

纽约第一国民银行观察1929年年底经济状况得出的结论值得

关注：

"无论现状与过去股市大跌的一般情况有多么不同，基本事实仍然是经济本身是健康的，并且没有与股市一起陷入过度扩张的境地。也就是说，证券'消化不良'的发作虽然可能导致美国经济'患上了严重的头痛病'，但应该不会导致'病人'残废。"[22]

但当时，美联储、参议院和财经媒体都宣称，市场过热，投机需要加以控制。就连纽约证券交易所总裁 E. H. H. 西蒙斯(E. H. H. Simmons)都曾表示，股市存在投机过度的问题。[23] 1929 年 9 月，经纪人贷款达到了 85 亿美元的高点，并且引起了很多人的关注(过度投机必须加以制止)。市场刚掉头下行，非银行经纪人贷款资金就逐渐退出市场，而股价随着投资者在债权人的逼迫下强行清仓而自行下跌。

9 月，英格兰的哈里特公司造假丑闻引起了媒体的广泛关注，外国资本开始从纽约股市撤走。此外，马萨诸塞州公用事业部的行动和声明也引起了广泛关注(阻止了对公用事业的投资)。10 月，生产的实际产出指标数据也开始调头下行。

1930 年春季，关于美国工业遭遇实际困难的报道赋予股市投资者正当的理由改变预期，并且看跌市场。不过，真的需要百分之百的后见之明才能把 1929 年 10 月或者 11 月的纽约股市定义为严重高估。

我们通过考察以下案例来寻求有用的一般化。拉扎德兄弟公司(Lazard Freres and Company)的合伙人小阿尔伯特·J. 赫丁格(Albert J. Hettingger, Jr.)把以下观点说成是约翰·梅纳德·凯恩斯的观点:"我很不情愿地推断,在一个非理性的世界上没有再比理性投资更具自取灭亡性的策略。"[24] 不过,还有另一种重要观点认为,股票市场所处的状态是股票供给和需求双方较量的结果。除了股票的基本微观评价(某只股票定价是否公允?)以外,还有很多宏观因素影响股市价位,包括信贷的可获得性、外国资本的流入和流出。我们必须更好地了解影响股市价位的宏观因素。不管怎样,从现有的证据看,按照现代常规的公司股权价值衡量指标,1929年纽约股市的价位似乎并没有太高。

更重要的是,我们中的大多数人都没能预测到1929年10月的股市转向。不过,即使我们预见到了那次股市转向,仍然可能会在那年的11月和12月继续买进,并且面对1930年春天股市发生的补跌措手不及。同样,我们可能在1933年没有买进普通股,并且错过了(在大萧条最严重的时候)利用纽约股市有史以来最大幅度反弹的机会。

事实是:纽约股市在1929年10月(和1987年10月)过高或者在1933年过低,都不明显,只是到了一定时候才变得显而易见。

佩德森在评价1929年事件时提出了一种合理的看法:"不管怎样,我们必须记住,美国有关当局只是根据那个时代的正常偏见采取了行动而已,当时没有一个处于类似处境的国家以不同的方式采取行动。"[25]

虽然我们能够解释1929年股市崩盘事件的参与者们根据"当时的正常偏见"发表的很多讲话和采取的很多行动,但这并不是为1929年采取的行动开脱罪名的一个理由。当时还是能够听到一些有可能改变历史进程的理性呼声。我们就本着这种精神借用《布鲁克林鹰报》(Brooklyn Daily Eagle)一篇令读者醍醐灌顶的社论来结束本书:

失败的预测

星期二,纽约国民城市银行总裁、金融问题的重要权威查尔斯·E.米切尔表达他对股市下跌的看法说"股市已经跌得太深"。同日,另一位著名专家、耶鲁大学经济学系主任欧文·费雪教授声称,股价仍处在低位,没有实际原因导致股票遭受如此的价格下跌,股票价格远低于它们的真实价值。

今天前市,股市总市值要比这些专家发表乐观讲话时的总市值少了好几十亿美元。昨天,终于发生了大崩盘,市值蒸发了40亿美元。收市前最后一小时的情况最为糟糕,无论结果如何,有260万股股票已经退市。

如果有人想要证明股市"不可预测",最近的经历应该提供了证据。无论是米切尔总裁还是费雪教授,他俩也许都是正确的。再过6个月,我们就能了解更多的情况。但有一点肯定是明确的,那就是任何怀着立刻赚钱的希望根据自己的看法买进股票的人必然会大失所望。任何人在最近8个星期的任何时候采用保证金交易方式买进股票,也必然会陷入一种不祥的状况。

希望立刻买进股票的投资者,也许不久就能按触底价格买到股票。但是,再过几天,那些冒险预测的重要权威就会解释说,他们并没有说从某一天到第二天会发生什么。[26]

注释:

1. *Forbes*(Oct.1,1929):11.

2. Ibid.

3. J. S. Lawrence, *Wall Street and Washington* (Princeton: Princeton University Press, 1929), pp. 187, 245.

4. Investment Bankers Association of America, *Proceedings of the Nineteenth Annual Convention of the Investment Bankers Association of America*, Chicago, 1930.

5. E. H. H. Simmons, *The Principal Causes of the Stock Market Crisis of Nineteen Twenty-Nine* (New York Stock Exchange, 1930), pp. 3—7.

6. *Forbes* (Dec. 15, 1929): 26.

7. *Forbes* (Dec. 1, 1929): 68.

8. Herbert Hoover, *The Memoirs of Herbert Hoover* (New York: Macmillan, 1952), p. 5.

9. Ibid., p. 13.

10. Ibid., p. 17.

11. Ibid., p. 16.

12. Ibid., p. 18

13. Broadus Mitchell, *Depression Decade*, *Volume IX*, *The Economic History of the United States* (New York: Holt, Rinehart and Winston, 1961), p. 10.

14. 关于这个问题的学术讨论,请参阅文献: S. E. Harris, *Twenty Years of Federal Reserve Policy* (Cambridge: Harvard University Press, 1933), pp. 596—611, and J. A. Schumpeter, *Business Cycles* (New York: McGraw-Hill, 1939), pp. 681—691, and 873—877。

15. *Stock Market Study*, hearings before the Committee on Banking and Currency, U. S. Senate (Washington, D. C.: U. S. Government Printing office, 1955), pp. 1002, 1003.

16. J. Pedersen, "Some Notes on the Economic Policy of the United States during the Period 1919—1932," in *Money, Growth and Methodology*, ed. Hugo Hegeland(Lund, Sweden: CWK Gleerup, 1961), p.481.

17. Ibid., pp.481—482.

18. Ibid., p.483.

19. Ibid., p.485.

20. Ibid.

21. Ibid., p.494.

22. *The First National City Bank of New York Newsletter*, Dec.1929, p.169.

23. Simmons, *Principal Cause*, pp.3—7.

24. M. Friedman and A. J. Schwartz, *A Monetary History of the United States*, 1867—1960(Princeton: Princeton University Press, 1963), p.810.

25. Pedersen, "Notes," p.494.

26. *Brooklyn Daily Eagle*, Oct.24, 1929.

参考文献

Allen, F. L. *The Lords of Creation*, New York: Harper, 1935.
Balke, N. S, and R. J. Gordon. "Historical Data." In *The American Business Cycle*, ed. R. J. Gordon. Chicago: University of Chicago Press, 1986.
Burger, E. K., and A. M. Leinbach. "Business." *The Magazine of Wall Street*, June 15, 1929.
Bernanke, B. S. "Nonmonetary Effects of a Financial Crisis in the Propagation of the Great Depression." *American Economic Review* (June 1983): 257–76.
Bogart, E. L., and D. L. Kemmerer. *Economic History of the American People*. New York: Longmans, Green, 1944.
Brooklyn Daily Eagle, Oct. 24, 1929.
Carswell, J. *The South Sea Bubble*. Stanford: Stanford University Press, 1960.
Chandler, L. V. *Benjamin Strong, Central Banker*. Washington, D.C.: Brookings Institute, 1958.
The Commercial and Financial Chronicle.
Committee on Banking and Currency. *Hearings on Performance of the National and Federal Reserve Banking Systems*. Washington, D.C.: U.S. Government Printing Office, 1931.
———. *Stock Exchange Practices*. Washington, D.C.: U.S. Government Printing Office, 1933.
———. *Stock Exchange Practices*. Washington, D.C.: U.S. Government Printing Office, 1934
Erleigh, Viscount. *The South Sea Bubble*. London: Peter Davies, 1933.
The Federal Reserve Bulletin.
The First National City Bank of New York Newsletter.
Fisher, Irving Norton, *My Father, Irving Fisher*. New York: Comet, 1956.
Fisher, I., *The Stock Market Crash and After*. New York: Macmillan, 1930.

Flood, R. P., and P. M. Garber. "Market Fundamentals versus Price-Level Bubbles: The First Tests." *Journal of Political Economy* (Aug. 1980): 745-70.

Forbes. Various issues.

Fortune. Various issues.

Friedman, M., and A. J. Schwartz. *A Monetary History of the United States, 1867-1960.* Princeton: Princeton University Press, 1963.

Galbraith, J. K. *The Great Crash, 1929.* Boston: Houghton Mifflin, 1961.

Galbraith, J. K. "The Great Crash," *The Journal of Portfolio Management,* Fall, 1979.

Gordon, R. J. *The American Business Cycle.* Chicago: University of Chicago Press, 1986.

Graham, B., and D. L. Dodd. *Security Analysis.* New York: McGraw-Hill, 1934.

Hamlin Diary. Library of Congress, Washington, D.C. (unpublished).

Hard, William. *World's Work* (June 1929): 48.

Harris, S. E. *Twenty Years of Federal Reserve Policy.* Cambridge: Harvard University Press, 1933.

Harrison, G. *Papers.* New York: Archives of the Federal Reserve Bank of New York (unpublished).

Hearings before a Subcommittee of the Committee on Banking and Currency, United States Senate, Part 3. Washington, D.C.: U.S. Government Printing Office, 1931.

Hearings of Senate Committee on Banking and Currency on Brokers' Loans. Feb.-Mar. 1928.

Hearings of House Committee on Banking and Currency on Stabilization. April-May 1928.

Hoover, H. *The Memoirs of Herbert Hoover.* New York: Macmillan, 1952.

Ibbotson Associates. *Stocks, Bonds, Bills and Inflation: 1988 Yearbook.* Chicago: Ibbotson Associates, 1988.

Ibbotson, R. G., and R. A. Sinquefield. *Stocks, Bonds, Bills and Inflation: The Past and the Future.* Charlottesville, Virginia: Financial Analysts Research Foundation, 1982.

Investment Bankers Association of America. *Proceedings of the Nineteenth Annual Convention of the Investment Bankers Association of America,* Chicago, 1930.

Jones, F. W., and A. D. Lowe. "Manipulation." In *The Security Markets.* New York: Twentieth Century Fund, 1935.

Katzenbach, N. deB. *An Overview of Program Trading and Its Impact on Current Market Practices.* Study commissioned by the New York Stock Exchange, Dec. 31, 1987.

Kendrick, J. W. *Productivity Trends in the United States.* Princeton: Princeton University Press, 1961.

Kindleberger, C. P. *Manias, Panics, and Crashes.* New York: Basic, 1978.
Lawrence, J. S. *Wall Street and Washington.* Princeton: Princeton University Press, 1929.
Macaulay, F. R., and D. Durand. *Short Selling on the New York Stock Exchange.* New York: Twentieth Century Fund, 1951 (mimeographed).
McDonald, F. *Insull.* Chicago: University of Chicago Press, 1962.
The Magazine of Wall Street. Various issues.
Malkiel, B. G. *A Random Walk Down Wall Street.* New York: Norton, 1975.
Mayer, M. *Wall Street: Men and Money.* New York: Harper, 1955.
Meeker, J. E. *Short Selling.* New York and London: Harper, 1932.
Miller, A. C. "Federal Reserve Policies: 1927-1929." *American Economic Review* (Sept. 1935): 447-56.
Mitchell, B. *Depression Decade: Volume IX, The Economic History of the United States.* New York: Holt, Rinehart and Winston, 1961.
The National City Bank of New York Newsletter.
The National Cyclopedia of American Biography. Vol. 22. New York: James T. White, 1932, pp. 75-76.
O'Connor, H. *Mellon's Millions.* New York: John Day, 1933.
The October 1987 Market Break. A report by the Division of Market Regulation, U.S. Securities and Exchange Commission, Feb. 1988.
Pecora, F. *Wall Street under Oath.* New York: Simon and Schuster, 1939.
Pedersen, J. "Some Notes on the Economic Policy of the United States during the Period 1919-1932." In *Money, Growth and Methodology,* ed. H. Hegeland. Lund, Sweden: CWK Gleerup, 1961.
Pierce, P. S. *The Dow Jones Averages, 1885-1985.* Homewood: Dow Jones-Irwin, 1986.
Preliminary Report of the Committee of Inquiry Appointed by the Chicago Mercantile Exchange to Examine the Events Surrounding October 19, 1987 (M. H. Miller, J. D. Hawke, Burton Malkiel, and M. Scholes).
Report of the Presidential Task Force on Market Mechanisms (Brady Report), Jan. 1988.
Samuelson, P. A. "Myths and Realities about the Crash and Depression." *Journal of Portfolio Management* (Fall 1979).
Schumpeter, J. A. *Business Cycles.* New York: McGraw-Hill, 1939.
Schwed, F., Jr. *Where Are the Customers' Yachts?* New York: Simon and Schuster, 1940.
Shachtman, T., *The Day America Crashed,* New York: Putnam, 1979.
Simmons, E. H. H. *The Principal Cause of the Stock Market Crisis of Nineteen Twenty-Nine.* New York Stock Exchange, 1930.
Sirkin, G. "The Stock Market of 1929 Revisited: A Note." *Business History Review* (Summer 1975).

Sloan, A. P., Jr. *My Years with General Motors.* Garden City: Doubleday, 1963.
Sobel, R. *The Great Bull Market, Wall Street in the 1920s.* New York: Norton, 1968.
_____. *Panic on Wall Street.* New York: Macmillan, 1968.
Soule, G. *Prosperity Decade, Volume VIII, The Economic History of the United States.* New York: Holt, Rinehart and Winston, 1962.
Staff of the Board of Governors of the Federal Reserve System. *A Review and Evaluation of Federal Reserve Margin Requirements.* Dec. 1984.
Stock Market Study. Hearings before the Committee on Banking and Currency, U.S. Senate. Washington, D.C.: U.S. Government Printing Office, 1955.
Thomas, D. L. *The Plungers and the Peacocks.* New York: Morrow, 1967.
Thomas, G. and M. Morgan-Witts, *The Day the Bubble Burst,* Garden City: Doubleday and Company, Inc., 1979.
U.S. Senate, Subcommittee of the Committee on Banking and Currency. *Stock Exchange Practices Hearings.* Washington, D.C.: U.S. Government Printing Office, 1933.
Wanniski, J. "The Smoot–Hawley Tariff and the Stock Market Crash of 1929." *Midland Corporate Finance Journal* (Summer 1987): 6–23.
Warburg, P. M. *The Federal Reserve System: Its Origin and Growth.* New York: Macmillan, 1930.
Wigmore, B. A. *The Crash and Its Aftermath: A History of Securities Markets in the United States, 1929–33.* Westport: Greenwood, 1985.
Williams, J. B. *The Theory of Investment Value.* Cambridge: Harvard University Press, 1938.
Woodford, M. "Three Questions about Sunspot Equilibria as an Explanation of Economic Fluctuations." *American Economic Review* (May 1987): 91–93.
World's Work (June 1929).